パッキン一筋50年

パッキンとカラダを目当てに映画を見続けた男

PATSUKIN HITOSUJI 50 NEN

TETSUJI AKIMOTO

秋本鉄次

キネマ旬報社

ブックデザイン：小林剛（ＵＮＡ）
写真：Newscom／アフロ

パッキン一筋50年

パッキンとカラダを目当てに映画を見続けた男

秋本鉄次

まえがき

いやあ、何というか、こうして書籍のタイトルとして『パツキン一筋50年』とドーンと謳われると改めて、直截というか、メチャダイレクトというか。キネ旬連載時のタイトルの「カラダが目当て」もあからさまだったけど、今回も相当なものですな。

まあ「牛丼一筋百ン十年」の吉野家の偉大さには負けるが（ボクはヨシギュー・ファンです）、どんなことでも半世紀以上続けるのは立派、と言われたので、そのおだてに乗ることにいたします。決してボクが造ったわけではない〝パツキン〟という表現も、雑誌で、ラジオ番組で連呼したせいか、少しは広まったようですし。継続は力なのか。いや、そんな高尚なもんじゃない。長くやってりゃ、バカはバカなりに固まってくるということなんでしょう。

別にパッキンだけが営業品目ではなく、黒髪も赤毛も茶髪もありがたく頂きますが、キツい、ケバい、キレる、おまけにエッチ、というわが〝3K1H〟の法則に合致するイイ女の総称としての〝パッキン〟であります。ちなみに〝パツキン〟は女性名詞であり、男性には使いません。ブラピもディカプリオも単なる金髪男です。

思えば、これまでも他誌（紙）で、その昔の「銀幕ネエちゃん品定め」から始まって、例えば「映画と女と野郎ども」とか、あるいは「このパッキンがエロい」とか、はたまた「金髪USA」とか、もうバカ丸出しなあからさまタイトルで連載コラムを書かせて貰いましたが、何と、歴史と伝統と信用を誇る老舗映画専門誌『キネマ旬報』さんからお話を頂き、「カラダが目当て」という神をも恐れぬタイトルでスタートしたのが約10年前でした。途中、若干のブランクがありましたが、自分としてはかなりの長期連載で今日に至ることの幸せを噛みしめている次第であります。そんな〝誌面を汚しているだけ〟の格調低いコラムを単行本にしようじゃないの、と動いて下さる、今時、酔狂で奇特な方もいらっしゃるもので、こうして出版の運びとなった現実がまだ信じられません。誌面に女優のことを好き勝手に書かせて頂くだけで十分御の字、幸せ者と感じておりました。しょせんは薄暗い裏通りのドン詰まりにある屋台や怪しげな雑居ビルの地階あたりに生息するニッチ（隙間）な泡沫店舗のようなもの。誌面で脳内妄想カンパニー、国際的女優品定め業〝秋本商会〟を立ち上げているのも、照れ隠しみたいなもんですから。

この約10年の連載から、女優特化、パッキン優遇で抜粋したのが本書となります。オトコはついでやマクラにくっついているのを除いてかなり冷遇する暴挙となっております。まあ、女優は大輪の花、オトコは花壇の土、というのがボクの価値観ですから、強行採決に至りましたので、悪しからず。その後の変遷に合わせ、多少改稿や微調整も施しましたことをお伝えしておきます。それでは、めくるめく陶酔の〝パッキン・ワールド〟へようこそ。もう、嬉しくて歌っちゃいます。♪パッキン、パッキン、恋はパッキン～（知る人ぞ知る懐かしのオナッターズ『恋のバッキン！』の替え歌で）！

CONTENTS もくじ

PATSUKIN HITOSUJI 50 NEN

TETSUJI AKIMOTO

パッキン一筋50年

パッキンとカラダを目当てに映画を見続けた男

秋本鉄次

001 「イーオン・フラックス」のシャーリーズはイーオンナ！

「結局、体が目当てだったのね」……半裸の憂愁の美女がベッドに横たわり唇を噛みしめて訴える。

「ああ、最初からな。それがどうした。いい商売《うり》もんになるぜ」……投げ出すように答える色敵。

そんな三流の悪党映画の一場面でも、妄想して戴ければ幸いである。連載時のタイトル「カラダが目当て」は、メチャダイレクトだが、〝男も女も肉体派〟のボクにとっては我が意を得たり。まず、今後自己紹介する時に「カラダが目当ての秋本です」って言うべきか。するってえとさしずめ業界内外の女性たちに「何それ？」「サイテー」と顰蹙《ひんしゅく》買ったりして。てへ、参るね。想像するだに心が泡立つね。往年の洋ピン題名よろしく〝私に汚い言葉を言って〟トーク・ダーティ・トゥ・ミー！（アホ）。

1回目は、やっぱりな、丸分かりだぞ、と誇られてもシャーリーズ・セロンの「イーオン・フラックス」（05）でどうでい。何せ彼女も〝肉体へのこだわり〟では人後に落ちない女優だもの。「モンスター」（03）では贅肉大増量で、女性死刑囚ウォノスになりきり熱演した。

まさに〝シャーリーズ・アプローチ〟の凱歌だ。

普通ここまでやるか、元に戻らなかったらドースル？　おまけにオスカー女優サマとなってお高くとまったらドースル？　と気を揉んだが、要らぬ心配だった。アンジェリーナ・ジョリーがオスカー後に「トゥームレイダー」（01）を演じたように、ハリー・ベリーが同様に「キャットウーマン」（04）に挑んだように（ラジー賞授賞式出席は快挙）、シャーリーズはこのイーオン！　最近のオスカー女優はアメコミ&ゲームのヒロインをフットワークも軽く演じるのが嬉しい。

唯一の懸念は近年流行のCGてんこ盛りで、生身の女優の魅力がかき消されないか、だったが、さすが「ガールファイト」（00）のカリン・クサマ監督、極力CGは抑え、シャーリーズの肉体への称賛を全面にわたって押す。黒の衣裳に贅肉ゼロのシャーリーズの肢体の乱舞は壮観の一語。バレエダンサーとして昔取った杵柄はダテじゃない。殺人芝生に落下直前にふんばる大開脚はあのインリン・オブ・ジョイ・トイ様より素晴らしい。思わず芝生に潜り込んで仰ぎ見たかったほど。

シャーリーズが当時、自慢のパツキンを黒に染めたのも蛮行に非ず。アンジーが「ブロンド・ライフ」（02）などでパツキンに染めた時と同じく〝フェイク〟な蠱惑《こわく》に満ち溢れていた。パツキン原理主義者のボクが言うのだから間違いない！「イーオン〜」は彼女のオーガニックなカラダが目当てで見る映画である。合言葉はイーオンはイーオンナ！

002 「ダイヤモンド・イン・パラダイス」のサルマ・ハエックのカラダ考！

ボクは頑迷なパッキン原理主義者のつもりだが、臨機応変という便利な言葉もある。

非パッキン女優にもアンジェリーナ・ジョリーを筆頭にごひいきは多々いるので、この際、女優を〝パッキン部門〟〝非パッキン部門〟に分けてランキングしたい……これって、ちっとも原理主義じゃないじゃん、って。いいの。原理原則は破られるためにある！　たとえばオスカーに脚本賞と脚色賞があるように、ゴールデン・グローブ賞にドラマ部門とコメディ・ミュージカル部門があるように、我ながら素晴らしい棲み分けだと思うのだが。

で、キム・ベイシンガーを永世王座とするパッキン部門に対して、非パッキン部門のわが御三家は、現状ではアンジェリーナ・ジョリー、モニカ・ベルッチ、サルマ・ハエック。いずれも過度に肉感的で、情熱的で、露出狂気味な美女たち。ボクの趣味って分かりやすいなあ。

ところで、アンジーは当たり役「トゥームレイダー」(01)の3作目を降りたため、2代目ララ・クラフトに選ばれたカリマ・アデバイブという女優を写真で見たが、結構エロい。名前エロい。だって〝カリ〟も〝バイブ〟も入ってるって。失礼しやした。

こちらもシリーズ降板組のピアース・ブロスナン主演の「ダイヤモンド・イン・パラダイ

ス」（04）は、泥棒カップルが引退して楽園バハマで悠々自適のはずが、新たな盗みの誘惑……という話で、そのユルさと刑事へのオチョクリが微笑ましい泥棒映画だが、僕の目当ては当然サルマ嬢のカラダ。決してユルくない、かといって固くもない、黄金の肉付き比率は「デスペラード」（95）の頃と変わらない。よほどメンテナンスがいいんだろうね。

彼女の最高作は「フリーダ」（02）よりも、神を恐れず「フロム・ダスク・ティル・ドーン」（96）！　何たってその年のボクのベストだぜ（マジかよ）。白蛇を体に巻き付けてストリップする悪鬼の化身〝地獄のサンタニコ〟のお下劣なエロスにKOされたっけ。

今回も、南国の楽園だからほとんど肩出し、ヘソ出し、アンヨ出し。充実の肩幅に、流れるような鎖骨に、ボクのような肩フェチは随喜の涙。ザックリ胸の谷間なんざ飛び込み自殺したいほど。こういうタンクトップが似合うというか、骨格のはっきりしたボディが一番ヨロシ。

彼女、この2006年で四十路だが〝40、50喜んで！〟のボクである。こういう熟美女は、去らないうちに速攻でキメなきゃ。だって〝去る間、早っく！〟って言うでしょうがに。

003 春だ、花見だ、パッキン・シーズンだ、サーマン&マドセンだ！

パッキン原理主義者を標榜しながら、001、002と非パッキン設定で始めたため、羊頭狗肉の恐れあり。♪ホレ、出そうで出ないよ、パッキンちゃん……と自分で囃し立てようかと思ったね。

で、今回こそ満を持して登場。バッター、4バ〜ン、パッキン！　いいねえ。この響き。調子こいて、もう一曲。♪パッキン、パッキン、恋はパッキン〜（往年のオナッターズの『恋のバッキン！』の節でドーゾ）。春だ、花見だ、パッキン・シーズンだ！

で、話題のミュージカル映画「プロデューサーズ」（05）は予想以上にノリノリ、ヤバネタ満載で面白かった。付けて加えてボクの場合、等身大グラビア特大付録みたいに登場する女優志願のスウェーデン娘ウーラを演じるユマ・サーマンがやっぱ決め手（北欧訛《なま》りもエロい）。主演コンビより遥かにノッポの身長180センチは「キル・ビル」（03）の時以上にそびえ立ってまっせ。デカパツ（金髪巨美女）好きのボクは思わずキャイーンと前シッポ振ってパブロフの犬！　身長171センチのボクを軽く凌ぐ、こんなに育っちゃって感あふれる〝金髪摩天楼〟。10センチヒール履いてくれたらもっと嬉しい。思わずキミによじ登りたい！

この天を突くようなユマ・サーマン的難攻不落の金髪大要塞攻撃命令！　暗号名：パッキンヤマノボレ。まず美脚半島から上陸し、蜜壺洞窟探検は涙を呑んで後回し。すかさず双臀トーチカを連続攻略し、続いて臍下台地を占領し、たわわな麗峰ツインピークスを各個撃破したのち、鎖骨ヶ原で戦士の休息。さらに肩幅尾根に連隊旗を翻し、ついに鬱蒼たる金髪の森の最深部をサーチ&デストロイ。最後は広大な御背中滑走路をなめるようにして空中大脱走！　ワレ奇襲ニ成功セリ、トラ・トラ・トラや！　と、妄想は黄金色の波光きらめく果てまでも！　そんな淫夢をまどろみつつ「プロデューサーズ」を堪能させてくれたユマ・サーマンに喝采を。

彼女が「キル・ビル」で闘ったマイケル・マドセンの実妹ヴァージニア・マドセンも相変わらずイイなあ。若きセクシー女優時代にも当然ソソられたけど、産休後は賢明なパッキン熟女がすっかり板についた。新作「ファイヤーウォール」(06)ではハリソン・フォードの賢夫人を演じて、触れなば落ちんの風情あり。

子どもコミで彼女を拉致し、主人公に銀行資産強奪を要求する犯人。百億円超とはふっかけたね。マドセン＋一億円ぐらいが妥当と思うボクって〝小物感〟漂う？　熟女好き、外人好き、マドセン好き。ボクはフケ専、ガイ専、マド専！

004 ベッソン映画の180センチ級美女たちのビッチな魅力!

野菊の如き君なりき、よりも大輪の向日葵《ひまわり》、百合が好き。〝大女〟という蔑称は日本語にあるが、〝小女〟はない。不当な身長差別である。全国の巨美女の皆様、ボクは熱心な味方です。

リュック・ベッソン監督・脚本の「アンジェラ」(05)、製作・脚本の「トランスポーター2」(05)を観て、各々の高身長ヒロインにイチコロパンチョスのボクである。

まず「トランスポーター2」のケバエロな美女殺し屋ケイト・ノタ。推定身長180センチか。当然デルモ出身。これがかなり壊れたキャラで、なぜかリボンをつけた真っ赤なハイヒールを履いて「殺しが好きなの」とうそぶき、やたら豪銃をブッ放しまくり。もう〝おそ松くん〟のおまわりさん以上のドンパチ狂。

殺し屋なら一発でキメろよ、とツッコミを入れたいが、テキはお構いなしのムダ撃ち三昧。おまけに露出狂で、変態で、色情狂だし。ステイサムに「私のタイプよ」と迫り、長い舌でベロリと口から鼻、眼の回りまでねっとりじっくりとなめ回すの図はまるで爬虫類だが、むしろ、あの声でトカゲ食うかやホトトギス、って感じ。でも昔からこの手の欠陥乱調美女が好き。清純派なんざ3時間で飽きらあ。

次は、来日時に淫タビューもした「アンジェラ」のリー・ラスムッセン。見上げたもんだぜ正真正銘身長180センチ。おまけにザックリ胸開きだもの。目のやり場に困らなかったっけ。

「あなたの演じた高身長でヘビースモーカー、食欲旺盛で強い天使は大好き」と褒めたら「私もあの女優大好きよ（笑）」とボケかましてくれた。「喫煙はしないけど、長身、食欲、強い女の点は素顔の私似」だそうだ。

ベッソンは〝キャバクラで指名がカチ合うタイプ〟と、この両女優を見て確信した。前カノもミラ・ジョヴォだし。でも、明らかに意見が分かれるのは、彼がベッドシーンとヌードが嫌いなこと。そのことを彼女に確認したら、「彼はロマンチストだから間接的表現を好むの。私は人間の体のフォルムへのリスペクトを、肉体を駆使してビジュアル的にお見せしたいわ」と艶然と答えてくれたヌード上等派だった。さすが女権充実の国デンマーク産巨美女。幼少のころ、両親とヒッピーのコミューンみたいな場所で過ごしたそうだから、開放的なのは筋金入りと見た。ベッソン映画のツインタワーズを侍らせ、右のノタにノタうち回り、左のラスムッセンにムッセン返る。その燃え盛るビッチな魅力にOh、タワーリング極楽！　気分はベッソンを超え、ヒュー・ヘフナー（『PLAYBOY』誌会長）！　ぶわっははは。

005 お尻好きの巨匠ティント・ブラスに七十路の理想形を見る！

ココシリ（此処尻？）↓シリアナ（尻穴？）……と2006年の洋画で尻取りができそうだが、〝尻〟といったらやっぱりティント・ブラスでしょ。齢70を超えても当然現役、ますますお盛んなイタリアン・エロスの巨匠だ。アメリカのエロスの老練ラス・メイヤーが逝ったばかりだけに、今やエロスの老師は彼一人か。

元々はロベルト・ロッセリーニ門下で、監督初期には「革命の河」（65）など硬派な作品も撮っていたが、「サロン・キティ」（76）、「カリギュラ」（80）あたりから官能派に転向、以来エロス一筋40年余。同じ〝お肉〟を扱って牛丼一筋百年も偉いが、肉欲一筋のブラス御大にゃ敵《かな》わない。エロスの年季は筋金入りだ。

そんなベテラン熟肉料理長ブラス師の最もこだわり部位が尻肉。もう、アイデンティティというか、レーゾンデートルというか。ラス・メイヤーは巨乳だったが、ブラス師は臀部、シリ、ケツ、オイド、ヒップ、アス……。ボクの最も好きな女体パーツは肩肉だが、もちろん尻肉もイケるクチ。尻だけというより、腰のくびれから尻肉経由、太股にかけての黄金曲線、美肉密集地帯の脂の乗った霜降り極上カルビは思わずタレつけてゴチ。いっただきま〜す。

ブラス師は、ほぼ毎作、美巨尻に特化した女優を起用し続けているが、忘れられないのは「背徳小説」（94）のカタリーナ・ヴァシリッサ嬢。思わず語りたくなる尻だね。これがホントの語リーナ・シリさ。「ありゃエエ、ありゃエエ尻しとる」と思わず、「仁義なき戦い・完結篇」（74）で喪服姿の未亡人（野川由美子）のお尻をお下品に視姦した山守親分（金子信雄）的なセリフを口にしたほど。元々サーカスの猛獣使い（！）で映画はこれ一本きりか、のヴァシリッサ嬢。嗚呼、あの尻は、今……。

「ティント・ブラスの白日夢」（05）で、淫蕩な若妻マルチナを演じるパツキン美人女優アンナ・ジムスカヤも、ブラス師ご指名だけあって、脂肪たっぷりお肉むっちりの柔らかな双臀の持ち主。師曰く「尻は魂の鏡なり。女性の大きくて美しい尻は崇めるに値する存在じゃ」と。

齢70を超えてなおも意気軒昂にして精力的。超久々に来日したイーストウッドに拝顔の栄に浴しつつ、すごい70代だ、と改めて痛感したが、ブラス師も言わずもがなエライ。

それにしても、なぜブラス師はこんなにも尻にこだわるのか？　新発見、ティントじゃなかったヒントは彼の名前に隠されていた！　そのココロは、ＢＲＡＳＳにゃＡＳＳ（尻）が入ってる、ってね。

006 「ウルトラヴァイオレット」のミラ・ジョヴォヴィッチは〝美裸女菩〟なり

先代・猿之助も真っ青、まるでスーパー〝ミラ・ジョヴォ歌舞伎〟！　と形容したいような「ウルトラヴァイオレット」（06）のミラ・ジョヴォヴィッチ！　ホォ〜と唸らされる威容である。

「フィフス・エレメント」（97）からアクション・ヒロイン10年選手。昨日今日のアクションねえちゃんとはメンコが違う、年季が違う。相手を射貫くようなガン飛ばしの三白眼、透き通るようなブルーアイズ、二挺豪銃を撃ちまくり、長剣を振り回し、ゴツいバイクを手足のように操り、ゼイ肉ゼロとおぼしき鞭のようにしなるスレンダーボディから たたき出される必殺パンチ&キック！

特にキックのフォルムの美しさは特筆もので「バイオハザード」（01）でゾンビ・ドーベルマンに三角跳びから必殺蹴りを食らわすシーンはシビれたね。思わず、あのドーベルマンになってミラのキックを浴びてみてえ！　と思ったっけ（アホ）。

SF版「グロリア」（99）というふれこみで、身体能力が飛び抜けた超人類という設定も彼女のパフォーマンスを際立たせる方便にすぎない。クライマックス、700人の敵が待ち受ける政府ビルへと単身殴り込み！　重火器乱れ撃ち、豪剣二刀流、全身を武器に鬼神のように、阿修羅のごとく孤軍奮闘！　花道を通り、六方を踏みながらトントントンと舞台中央に進んでここ一番の大ミエ切れば「よっ、ミラ・ジョヴォ！」と大向こうから声が飛ばあ。シーンに応じて白・黒・赤で各々トータルコーディネートされたファッションで暴れまくり、髪の毛の色がサッとヴァイオレットに一変する呼吸もサイコー。

　ＣＧ使い過ぎ、という批判の声もあろうが、10年前から武術を習い、ブラジルの格闘技カポエィラなども体得し、今では自信を持ってほとんどスタントなしで挑んでいるという彼女の身体能力があるからこそ、デジタルに凌駕されることなく映えるのだ。オリンピック選手に匹敵する特訓で鍛えただけあって、映画女優というよりアスリート美女の威容に近い。敵地潜入シーンでスレンダーなヌード露出も忘れないサービス精神は「バイオハザード」シリーズ（02～16）の時から変わらない。たとえ〝砂漠に干し葡萄〟でもいいんです。その心意気が嬉しい。ヘソ出しルックも嬉しい。ミラ・ジョヴォヴィッチは闘美神である。菩薩である。嗚呼、有り難や、って終《しま》いにゃ拝んじゃうよ。ミラ・ジョヴォを漢字で書けば〝美裸女菩〟でドーヨ。ぼくはジャーマネ気分で夜露死苦！

007 「ディセント」のガテン系美女の汗まみれ、泥だらけ……に♥

2006年は、初夏から秋にかけ、邦洋ともにホラー&スリラー映画が花盛りだったが、見た中でベストは「ディセント」(05)か。不慮の事故で夫と子どもを失った友人を励ますために洞窟探検に向かった6人のアウトドア志向の美女たち。ところが落盤によって出口を塞がれ、仲間割れ、照明電力の欠乏、やがて不条理な狂気と暴力の連鎖が始まる設定がイイね。

ガキのころまだ点在していた多摩川近辺の洞窟を探検し、今思えばミニ〝スタンド・バイ・ミー〟だったなぁ、の日々も思い出したが、そんな感傷に耽《ふけ》りながら、彼女たちの探検衣裳に目をやる。我ながら器用だ。ライト付きのヘルメット、ヤッケ、ピッケル、ロープなどの完全装備が、やがてタンクトップ一丁になる〝洞窟内ストリップ状態〟(?)がエロい。

ボクのコスプレ趣味はかなり守備範囲が狭く、お姫様ドレスにも、メイド衣裳にも、当然セーラー服にも一瞥も加えない。一番好きなのはガテン系衣裳で、「60セカンズ」(00)で車の下から自動車修理中のツナギ姿で登場するパツキンに染めたアンジェリーナ・ジョリーとかの設定がベストだね。肩幅フェチとしては何の変哲もないタンクトップ、無粋と言われるスポーツブラも必須アイテムだ。
「ディセント」のガテン系の美女たちが、徐々に汗まみれ、泥だらけ、水びたし、果ては血みどろになってゆくプロセスは、うっ、かわいそうじゃ、と思いつつ、もっと汚してあげたい、という邪悪な妄想に耽ってしまう自分が呪わしく、いとおしい。

6人6様の個性派ガテン美女を品定めすると、主演格のパッキン女優ショーナ・マクドナルド嬢もいいが、ちょっとカイヤに似た鋭角的美貌のサスキア・マルダー嬢が〝一緒に汗流したい〟タイプ。サ好きア！ 後半はかなり掟破りの〝地底生物〟が登場し、容赦ない描写の中でのたうち、命からがらの彼女たちについ身を乗り出しちゃうぜ。こりゃ「悪魔のいけにえ」(74)に近い狂乱度だ。

この「ディセント」の前に公開された「サイレントヒル」(06)のヒロイン、ラダ・ミッチェル嬢がどろどろになって奮闘する〝アメリカの忘れられた田舎町は怖いよ〟もの(そんなジャンルあるのか？)で、悪趣味度も拮抗している。汗まみれ、泥だらけ美女たちを見ながらいつも思う。ああ、彼女たちと思いきり〝泥レス・バトルロイヤル〟してみてェなぁ、と。

008 「マッチポイント」のヒロインをスカ・ジョと呼ぼう！

2006年のミス・ユニバース世界大会準グランプリの知花くららさんに快哉を叫んだっけ。若いころのキャサリン・ゼタ＝ジョーンズを日本人にしたようなルックス、身長がボクより2センチも高い173センチで、民族衣裳部門最優秀賞の〝くノ一〟が似合い、トライアスロンもこなすアスリート美女だもの。B90W60H90はモンローと同じというオマケ付きグリコ！

モンローと同サイズといえば井上和香様。元キャバ嬢歴アリ、を生かし深夜ドラマ『黒い太陽』（06）では水を得た魚のよう。既にキャバクラ解脱のボクだが、この和香様と唇の感じがよく似てる、と思うのがウディ・アレンの傑作「マッチポイント」（05）で、野心家青年を狂わせる女優志願娘役のスカーレット・ジョハンソン。双葉より芳し、末恐ろし。

他誌ではヨハンソン、ヨハンセンとまちまちだが、キネ旬表記は本人確認済みのジョハンソン。ボクもこれを採用したい。だって、略してスカ・ジョ（勝手に略すな）だもの。スカ・ヨハより語呂がイイ、と形から入るボク。略称スカ・ジョってなんかスカしたお嬢っぽいし、乗り心地最高のスカGを連想しちゃうし、横須賀女子大（そんなんあるんか？）の略みたいだし。

外国人女優はスリーサイズ不詳が多いので勝手に推定すればきっと90・60・90のモンロー・サイズ。何しろわがアンジェリーナ・ジョリーを抜いて〝最もセクシーな女優〟と〝ベスト・ブレスト（最高の胸賞）〟に輝いているし、当たらずとも遠からじ。まだやっと21歳（06年当時）だが、その大粒の瞳、濡れた唇、艶やかな白磁の肌、丸い膨《ふく》よか媚態。ボクが夜の手配師なら速攻でスカウト、本日入店だぜ。

そのトークもキャバ嬢的素質十分。「セクシーって呼ばれるのは抵抗がないわ」「人生は運次第。私がいい例よ」と本音トークもカマし、「金持ちの退屈な男よりロマンチックな貧乏男を選ぶわ」と男心をくすぐる営業トーク。ちょいとエサ撒いときゃ男が勝手にハマる、溺れる、身を滅ぼす。彼女に罪はない。

彼女、評判の「真珠の耳飾りの少女」（03）も「ロスト・イン・トランスレーション」（03）も退屈な役だったが、やっと適材適所、本領発揮。さすがエロパツ発掘の名人アレン旦那。ダテにオンナで苦労してないね。

アレン翁とは「タロットカード殺人事件」（06）で連続デートし、当時熱愛中だったジョシュ・ハートネットとは「ブラック・ダリア」（06）で公私混同（？）。20代から70代まで両天秤たあいいタマだ（褒め言葉）。当店『ハリウッド』の早くもナンバーワン候補、スカ・ジョさん、4番テーブルご指名、ハッスル！

009 今や大統領夫人（？）、キム観音様への妄想！

「ザ・センチネル／陰謀の星条旗」（06）は1960～80年代の政治サスペンスのようで、何だか懐かしく楽しめた。キーファー・サザーランド、マイケル・ダグラスという〝父に負けずに功なり名とげた〟ジュニア共演もいいが、ボクにとって最大の美点は当然、今や大統領夫人を演じるキム観音ベイシンガー菩薩様であ～る！

彼女を世界最愛女優と定めて約四半世紀と十年。僕には毎年が〝日本におけるキム・ベイシンガー年〟である。どれぐらい好きか、と聞かれても困るが、キネ旬が〝キム旬〟と読めるほど、と言っとこ（説明になっとらん）。日本中を沸かせた早実・駒苫決勝再戦（2006年。現日本ハム、斎藤佑樹熱投）を観るはずが、急遽、裏番組で多分視聴率1％以下の「ブロンディー／女銀行強盗」（93）を楽しみ「いくらハンカチ王子（斎藤の当時の愛称）でも、キム女王様には敵わない」と我が辞書に記した。それぐらい好き、という答えでどうか。

昨日のように思い出す「ノー・マーシィ　非情の愛」（86）でご来日された時の単独淫タビュー。ご本尊様は十数分遅刻して現れ恐縮しながらボクに近づき「ご免なさいね。朝の悪夢だと思って許して……」とスキンシップ。シャワー上がりとおぼしき匂いに溶けそうになり、その後の取材も至福の時間。「ああ、この女優さんを一生称賛し生きてゆこう」と決意した瞬間だった。

淫夢天皇妄想大魔王のボクにはまどろむ夢がある。トム・ハンクスの「キャスト・アウェイ」（00）にも似ているが、あんな国際宅配便PR調ではない。とある島に漂着したらしいボク。目覚めるとグルリ覗き込むパツキン巨美女たち。ユマ・サーマン酷似の、ダリル・ハンナにそっくりの、シャーリーズ・セロン激似の、なぜか女子バレー・イタリアチームの美人アタッカー、フランチェスカ・ピッチニーニ（184センチ、27歳）超似のコも……。Oh、ここは伝説のパツキン巨美女の島！　ボクはたちまち〝怪シイ奴メ〟と取り押さえられ、エイホッ、エイホッ、と彼女たちに担がれ、キム様と見まがうほどに眩《まばゆ》い女王様の眼前のお白《しら》州《す》に！　地下牢での女王様直々の厳しい尋問、吟味の果て、ようやく疑惑が晴れ（一点の曇りもないパツキン原理主義者と証明され）メデタシめでたし。ボクはこの巨美女の島で、神聖キム・ベイシンガー帝国直属親衛隊隊長として末長く幸せに暮らしましたとさ……。

そんなアホなことを「ザ・センチネル」（06）を見ながら妄想していたっけ。ラストの窓越しに映るエロいキム様の御真影に体の一部が直立不動するボクであった！

010 黒沢といえばあすかである。性悪女、毒婦への誘い！

ワイドショーをボケッと見ていたら、セクシー女優でその後不審死してしまうアンナ・ニコル・スミスの遺産相続裁判を報じていた。約50歳も年上の石油王のジイサンと結婚し、1年半後に相手が死亡。遺産何百億をめぐり、遺族と係争中……までは知っていたが、前妻の息子やアンナの息子が相次ぐ急死となると……俄然、災厄を招く女ではないか。「絶対お金持ちになってやるわ」といきり立つ姿は、この手の性悪金髪女の正体見たり、なのだが、彼女を全否定できぬ悪趣味なボクに腐れトマトを！　アンナはプレイメイト出身でドパッキン、ド巨乳のいかにものタイプ。彼女の主演作「ジャッジ・ブロンド」（95・未）はお下品なエロ活劇で密かに好き、というとボクのお里が知れるが。

昔から、化粧濃い目のあばずれ女に惹かれる我が血が呪わしい。おとなしくしていれば立派な美人なのに、実は〝あの声でトカゲ食うかやホトトギス〟みたいな悪食女だったり、斗酒なお辞さずのウワバミ女だったり、赤マル《マールボロ》愛用のケツヤニ女だったり、ギャル曽根真っ青のフードファイト女だったり、ケロリと万束ブチ込む賭博依存症女だったり、露出癖などアブ上等女だったりに、ボクの心は泡立つね。

そんなタイプが「サンクチュアリ」（06）の黒沢あすかが演じたド腐れオンナだ。これはスゴい。スゴすぎる。かなりタフとお見受けした担当のK嬢がのけぞったてえぐらい。黒沢嬢はわがベストワン「六月の蛇」（03）が最高だったし、「嫌われ松子の一生」（06）の松子のマブダチ・めぐみも忘れられない。

自分の欲望のままにしたたかに生き抜こうとする女・アキ。カントリー・サイドに住む三十路前後とおぼしき郷土意識も家族意識も希薄で堕落した日々を送る女。育児放棄、子殺し、そしてさらなる殺人が誘発され、自己顕示欲だけは強い疑惑のヒロインはマスコミの前でも……というと、この試写を見た直前に発覚した秋田児童連続殺人事件の〝畠山鈴香〟を連想する〝毒婦〟ぶりに仰天！

さらに加えれば、平穏な主婦の人生をレズ地獄に誘い込んで狂わせ、自分の夫を昏睡させてブチ殺し、灯油をまいて放火するこの女……映画は87年の北海道で起こった事件が題材だそうだが、人間の業、ラブ＆ヘイトは普遍であり、毒婦、悪女のたぐいは浜の真砂よりも尽きまじか。それでも、人生が2つあれば、1つは無駄遣い。こんな女とツルんで、一緒に地獄に堕ちてみたい、と思うほど、あすか嬢＝アキはわが魂の暗部を直撃した。

今やボクにとって黒沢といえば、明でも、清でも、楽器店でもなく、あすか嬢に他ならない。

011 毒を食らわばシャロンまで！弁護するぞ「氷の微笑2」

「あんなサイテー女、鉄ちゃんもイイ趣味してるね」と業界の先輩に酒席で親しみ交じりにからかわれたっけ。「イエス」「ノー」「アイ・ドント・ノー」としか答えず、との伝説が生まれた「硝子の塔」（93）の頃だ。監督のオリヴァーしかり。〝ストーン〟と名の付く映画人の来日時の評判はどうも芳しくない。

そんな〝嫌われシャロン〟の出し遅れの証文のような14年ぶりの続篇が「氷の微笑2」（06）である。もうボクなんか〝待望しすぎ〟て、首と鼻の下が長く伸びきってやんの。14年といやあ長い。これがウイスキーなら14年物もイイが、石ころ（ＳＴＯＮＥ）をそんなに寝かしてもなあ。

どうせなら数年のうちにさっさと続篇作りやがれ、っての、このシャロン・スットコドッコイが！　と憎まれ口をたたいても「キング・ソロモンの秘宝」（85）のチンピラ女優の頃からの筋金入りのごひいきだもの。ええい、憎さ余って可愛さ百倍！　案の定、驕《おご》るシャロンは久しからず。〝90年代のセックスシンボル〟も新世紀では女優ランク急落、インケツな私生活は目を覆うばかり。本作は本国でもヒドい言われよう。『キネマ旬報』２００６年５月下旬号「ボックスオフィスレポート」によると「非難よりも憐れまれるような評論……」とあった。同情されちゃあオシマイだよ。

だからこそ目覚めたのが、僕が弁護しないで誰がする、の使命感。よってここに自らシャロン・ストーン特別弁護人を志願し「微笑2」の検証に入りたい。

被告シャロンは〝半額〟との見えないシールすら貼られた賞味期限ギリギリかすでに期限切れ、表示詐称の疑いすら濃厚、との検察側からの鋭い指摘に一瞬たじろぐも、肉は腐る手前が一番旨い、と好事家は申しやして、てな奇弁を弄したい。

今回、アイスピック攻撃はどうした、ノーパン攻撃はないのか、と矢の追及の検察側に、脱ぎとカラミの頻度と新手・首絞め攻撃に免じて、この際司法取引を、と画策する始末。トホホ。

続いて、この空白の14年間の誤算については早速、被告に接見し、ツッコミを入れたが「そんな細かいことは抜きにして」とジャクージ風呂に誘われ、五十路手前熟乳をド〜ンと真正面攻撃され、当方一気に轟沈！

傍聴席の皆様、シャロンの熟乳は思ったより崩れていません。情状酌量の心で、怖いもの見たさでご覧下さい。これにて弁護側の陳述を終わります（冷汗）。

なぜにここまで彼女の擁護。古人いわく、毒を食らわばシャロンまで！ってね。ええい、乗りかかった船。まだ最高裁があるんだっ！

012 熟肉山脈・爆乳活火山モニカ！イタリアの〝もてぷよ〟？

2006年晩秋に、スペインのファッション業界が痩せ過ぎモデルを排除の方向、と報じていた。過度なダイエット、悪しきスリム信仰を糺《ただ》すとか。いいね。日経にも、少しふくよかでグラマラスな〝もてぷよ〟の時代到来、との記事があり、その代表格がモニカ・ベルッチなのだと。

よっしゃ！ と僕は快哉を叫んだね。〝肉こそ女の存在証明〟を己が体で示して20年余のモニカに、時代はやっと追い風だ。

『002』で前記したが、非パツキン部門のわが御三家の一人（他はアンジェリーナ・ジョリー、サルマ・ハエック）モニカの新作「ダニエラという女」（05）にやっと出会えた。モニカと聞いただけでモ〜、ニカニカしちゃうぜ！ おまけに邦題がイケる。〝ダニエラ〟といえば何たって「007／ロシアより愛をこめて」（63）の〝ボンドガール史上最高美女〟ダニエラ・ビアンキだしょ。そう、彼女もVIVA、イタリア女！

思えば、僕の〝女優目当て〟の開祖はイタリアねえちゃん。ビアンキ以外も「黄金の七人」（65）のロッサナ・ポデスタ、「鞄を持った女」（61）のクラウディア・カルディナーレ、「バンボーレ！」（65）のヴィルナ・リージなどなど。ローティーンの頃から〝ケバいの好き〟だったのは、親父が「空中ぶらんこ」（56）の肉体美ジーナ・ロロブリジーダの大ファンで、酔うと決まって「鉄ちゃん、女はやっぱこう（両手で胸腰尻の凹凸をいやらしく模《かたど》る）でなきゃなあ」と薫陶してくれたおかげだろう。

そんなイタリア女伝統の豊満な肉体と生命力への賛美でもあるこの作品。平凡な純情男の真摯なアプローチに、売れっ子娼婦がほだされる……落語でいえば『幾代餅』か『紺屋《こうや》高尾』みたいな展開だろう。男をマンマ受け入れて、イタリア女はＭａｍｍａ（肝っ玉母さん）になる！

こってり肉厚、たっぷり肉汁。吉牛風にいえば、ツユダク肉増量特盛り。当然脱ぐわ、脱ぐわ。こちらが拝み倒さずとも脱ぎと映画はコミ、とばかりに一糸まとわず、すっぽんぽん！モニカの過剰な肉体露出なくして成立せぬ映画であり、肉体による銀幕支配の瞬間でもある。いやあ、土佐の一本釣りも豪快だが、モニカの一本脱ぎも豪快だねえ。

イタリアに、かのベスビオ火山を凌駕するほどの、モニカという名の熟肉山脈・爆乳活火山ありき。その麗峰のフェロモン溶岩の裂け目に呑み込まれ、エロスの火柱に吹き上げられ、最後は胸の谷間に飛び込み自殺。

通称〝イタリアの宝石〟改め、〝イタリアのもてぷよ〟と呼びたいモニカの肉体は不滅なり。

013 ボンドの肉体は入れ替え、生まれ変わり可能ということ！

007なら、ゲスな秋本だもの、当然狙いはボンドガールだろ、と思わせておいてボンド俳優について書こう。「007／カジノ・ロワイヤル」（06）を高揚感たっぷりに楽しんだ。映画を煎じつめれば結局は007だぜ。釣りが鮒に始まり鮒に終わるように、酒だって最終的には菊正の二級かヒゲのブラックに落ち着くように。

さて6代目ボンド、ダニエル・クレイグ君だが、撮影当初は散々の言われよう。車の天才ボンドを演じるのに、何とオートマ車しか乗れないとか、格闘シーンで相手俳優にKOされたとか、熱心な007サイトがボイコットとか、トホホ情報ばかり。

確かに僕も当初不安が先走った。ルックスもMI6というよりKGB顔。どことなくプーチンにも似てるし（彼はKGB出身）、奥眼で酷薄そうな唇はせいぜいボンド映画の二番手の悪役顔で、「レイヤー・ケーキ」（04）のチンピラがお似合い、おまけに名前に〝ダニ〟が入ってるし、こりゃだめダニって、男にゃ冷たい僕は容赦なかった。

ところが、聞くと見るとじゃ大違い。この〝007／ビギニング〟では見習い研修生ならではの逡巡やら判断ミス、痛恨やら反省を繰り返す半人前ぶりが、まだ仮採用のようなクレイグ君を通じて、やたら新鮮なのだ。愚かなCG多用を排し、生身の肉体活劇に徹したのも何より。

まるで「007／ロシアより愛をこめて」（63）の悪役ロバート・ショーのように逞しい鋼の肉体の陰に隠した繊細なハート。ボンドガールと互角の〝読み合い〟をし、苦楽を共にし、血肉を分け、真摯に愛の駆け引きを交わすボンドなんて初めて。女性のライター、編集者にやたらクレイグ版ボンドの受けがいいのがその証明のようなもの。

どうやら「女王陛下の007」（69）のジョージ・レーゼンビーのように一本きりの憂き目はない（すでに第22作起用決定済）どころか、初代ボンド＝コネリーの神話というか呪縛から解放される時の到来すら予感させる。その後、〝ダニエル〟ボンドは意外と好評で以降も出演し続けているのは周知の通り。

ボンドの肉体は入れ替え可能、生まれ変わり可能である。座頭市は勝新、寅さんは渥美清のみと確信するが、ボンドは何度も生まれ変わってきた。そういえば宿敵ブロフェルドだってドナルド・プレゼンス、テリー・サヴァラス、チャールズ・グレイと入れ替わってきた。一代限りと違う007の強みがここにある。

タイトルバックに女体のコラージュがなく、ラストでようやく奏でられるボンドのテーマ。ここから始まる新007にふさわしい。第22作は最初から期待して見るよ、とクレイグ君にこの場を借りてお詫びしておこう。

014 「キル・ビル」同窓生、ユマ＆千明、魅惑の三白眼！

暫定的に〝アマゾネス・コンプレックス〟と自称していた巨美女好きのことを、新聞報道では（東スポだけど）〝GTSフェチ〟と称されていた。GTSはGIANTESS（女巨人）の略で、なるほど正式名称っぽいよね。巨大化美女が街を暴れる姿に興奮するのが特徴だとか。確かに『ダリル・ハンナのジャイアント・ウーマン』（未・93）は密かに愛したいカルトだし。合言葉はカーナビやケータイのGPSより、GTSを大切に！

で、わが愛しのGTS筆頭のユマ・サーマンの「Gガール破壊的な彼女」（07）では巨大化するわけではないが、元々身長180センチだからデカイ。超音速で空を飛び、セクシー・ボディで銃弾を跳ね返す超人美女の素顔が地味なメガネ女性という設定は『奥さまは魔女』（64～72）調ラブコメだが、決してほのぼのタッチではない。このヒロインは嫉妬のオニで、エッチも大好き。浮気疑惑の彼の部屋にジョーズを投げ込んだり、NY上空で空中ファックもする欠陥乱調ぶりにボクはヒイヒイ笑い転げていた。

ブチ切れて柳眉を逆立てる彼女の三白眼がエロい。三白眼といえば「エクステ」（07）の栗山千明も圧倒的。そういえばユマと千明は「キル・ビル」（03）で戦った仲、同窓生ではないか。今思えば日米三白眼美女対決でもあった。その黒目と碧眼を凌駕し、侵食するホワイトな眼光の飛び散る火花。2人とも、おとなしくしてりゃ正統派美人なのに、選ぶ役は異形なのばかり。そのカルト精神はあっぱれ！　千明嬢は〝ゴーゴー夕張〟ももちろん良かったが、「妖怪大戦争」(05)の〝鳥刺し妖女〟が一番好きなボクである。浜崎あゆみのNG的ケバいメーク、巻髪パツキン、地獄の微笑で大見得を切る姿に目を細めたね。

髪はバクハツだあ！　とばかりの〝黒髪地獄〟ホラー「エクステ」で、千明嬢は珍しくおとなしく前向きな美容師の卵役。そのうち魅惑の三白眼でガン飛ばししてくれると思ったが……。まあ、こういう肩透かしもたまには逆に新鮮、とはホレた弱み。むしろ、彼女の三白眼から髪の毛が生えるような珍景を回避できてひと安心。その分、つぐみによる悪魔のような娘虐待ぶりが凄いし、大杉漣氏もかつてのピンク映画時代を彷彿とさせる怪演（究極の髪フェチ男）で魅了する。彼に浴びせる千明嬢の「この変態！」という容赦なき叱責が、わが耳にも小気味よい。

ユマ＆千明。ボクの心を泡立たせる邦洋2大三白眼美女の勇姿が楽しめる2月である。ところで、三白眼フェチって正式に何ていうのか？　誰か教えて！

015 亡きスミス嬢から、ハウテン嬢へ。パッキンよ、生き貫け！

アンナ・ニコル・スミスのドロドロ遺産相続裁判と周辺人物が続々突然死……の件を前記したが、何とご本尊の彼女までが不審死とは！　パッキン・グラマー取扱商社＝秋本商会としてはその悲報に沈痛な面持ちを隠せない。

やっぱりな、ヤな予感がしたんだよ、としたり顔で結果論的コメントなどしたくない。世間に後ろ指さされながらも、ニコル・スミスは巨万の富とともに太く長く生きましたとさ、幸せだったか否かはともかく……というのがボクのシナリオだったのに。パッキン・グラマーの怪死はモンローだけで十分ではなかったのか。「神よ、無情ですぞ。まだ犠牲者が欲しいのですか」と「ポセイドン・アドベンチャー」（72）のジーン・ハックマン神父のように呻《うめ》くしかない。

恐らく、こんな遺産目当ての整形巨乳・性悪女の死など、ゴシップ雀は面白がっても、悲しみはしないだろうから、彼女の主演作で、在りし日の脱ぎ放題お下品ヒロイン活劇「ジャッジ・ブロンド」（95・未）を再見参、一人で供養してみた。もちろん一面識もないが、「いいコだった……」と信じて、手を合わせてみた。そのあと、ちあきなおみの佳曲『紅とんぼ』

を聴いたら少し泣けてきた。トシ、かね。

お下品でもいい、逞しく生き貫くパッキン、といえば、ポール・ヴァーホーヴェン監督ワールドに生息するねえちゃんたちだ。なかでも「ブラックブック」(06)は〝第二次大戦美女スパイもの〟の醍醐味十分の快作で、刺激屋、脱がし屋本舗ヴァーホーヴェンの本領も発揮で嬉しい。

両親や弟をナチスに殺され、復讐を誓ったヒロインは、黒髪をパッキンに染め、ナチス情報部将校に色仕掛けで取り入り、敵中深く潜入する。この時、髪だけでなくアンダーヘアもちゃんと染め、のちに相手が確認するシーンもあって感心。説得力あるね。さすがスケベがカマボコ(板についているの意)のヴァーホーヴェン。芸が細かい! 演じるのは、監督の母国オランダの名花カリス・ファン・ハウテン嬢。抜けるような白磁の肌。いかにも男好きのするその美貌。ナチス将校と情交を重ねるベッドの上で美巨乳も惜しげもなく。親のカタキの憎きナチスに抱かれる屈辱を超越し、復讐に肉体を張るヒロインの生き貫く心意気に打たれた。汚物を全身に浴びせられるシーンも怖《お》めず臆せずのハウテン嬢の女優根性にも感服した次第だ。

幾度となく〝ヤバい橋〟を渡りながら、芸や策や運を味方に、パッキンよ、生き貫け! 今回のニコル事件の教訓としたい。

016 下心アリシア、パメラにメラメラ、坂井に見サカイなく

〝欠陥乱調美女〟が好きと前にも書いたが、ヤバい職業のネエちゃんとか、整形巨乳美女とかに、やっぱり惹かれる。これでパツキンならなおヨロシてな気分で、血眼で品定めしたら「スモーキン・エース／暗殺者がいっぱい」（07）の女殺し屋アリシア・キーズ嬢にビンゴ。網タイ&革ブーツの悩殺姿、ツンと突き出した下唇がエロい彼女に下心アリシア！　と叫びたい。

作品もタランティーノやガイ・リッチーより、むしろ岡本喜八監督「殺人狂時代」（67）やデイヴィッド・ニーヴン主演「スパイがいっぱい」（65）を想起して〝見ごこち〟は悪くないゾ。

パツキン・グラマー取扱商社＝秋本商会の特定銘柄は「ボラット　栄光ナル国家カザフスタンのためのアメリカ文化学習」（06）で、ボラットがテレビで『ベイウォッチ』（全世界のパツキン・グラマー好き御用達人気番組）を見て一目ぼれのパメラ・アンダーソン！「バーブ・ワイヤー／ブロンド美女戦記」（96）をキネ旬ベスト・テンで3位に推した暴挙の実績を誇るボクである。

映画自体は〝捏造ドキュメンタリー〟として十分楽しめたが、せっかくパメラ嬢を嫁にしようと、サイン会場で襲撃し、ズダ袋をかぶせて〝お持ち帰り〟しようとまでした彼が（このシーンが一番笑える）、失敗するともう熱が冷めちゃうとは情けない。パツキン好きは一生もん、の強い覚悟がなくてドースル。入れ乳程度に幻滅するようじゃ、まだまだ修行が足らんよ、君！　ワシなんか、今でもパメラにメラメラよぉ。作り手側が〝ちょっといい話〟でシメようとしてるのも残念。この手の映画は良識クソくらえに徹してナンボ。

結局、今月イチバン小気味が良かった女性キャラは意外や意外「赤い文化住宅の初子」（07）の中にいた。貧乏と悲哀の少女の担任で、授業も進路指導もヤル気なしの女性教師が圧倒的にスゴい。最初は坂井真紀だと分からなかったほどの新境地で、普段は携帯の出会い系にハマるようなサイテー女だが、肝心なところでヒロインを怪しげな新興宗教から救出し、その甘えをクールに叱責するあたりあっぱれ！

役名の田尻先生に違わず、お尻出してダルに熱演する坂井真紀嬢を初指名！　とはボクも見サカイないね、と最後までオヤジギャグでシメる。懲りないいね。

017 アドレナリン・ハゲ万歳！ウィリスもステイサムも全開だ！

2007年の夏、〝クモ男〟も〝海賊〟も何するものぞ。オヤジ観客が目下イチバン見たいのは「ダイ・ハード4・0」(07)、これ一本！　であることが、極私的同世代調査で判明した。何しろ劇場に自分の意思で見に行った最後が22年前の「ダイ・ハード3」(95)なんていうオッサンが複数いたしね。

サイバー・テロを仕掛けるハイテク犯罪者集団に対抗する我らが最強のアナログ男＝ジョン・マクレーンという対立構造が明快だ。「お前はハイテク時代の鳩時計だ」と犯人に小馬鹿にされようと、若いPCオタクに「CCRが好き？　カビ臭いロックじゃん」とコケにされようと、である。そりゃCGも使っているし、スーパーマン化もしてるが、心意気は変わらない。おなじみのボヤキも健在で久々に〝ダイ・ハード気分〟満喫！

第1作当時はブルース・ウィリス自体に思い入れはなかったが、最近「シン・シティ」(05)や「16ブロック」(06)で急速にシンパシーを感じている。それにしても1作から最新作まで横断して見るとウィリスの頭髪の変遷がよく分かる。今じゃ立派なスキンヘッドで、ますますエネルギッシュ。見事なアドレナリン・ハゲぶりに万歳三唱！

さて、エネルギッシュ・ハゲの現役バリバリ肉体派活劇スターといえばジェイソン・ステイサムでキマリだろう。当たり役の「トランスポーター」シリーズ（02〜15）パート2（05）の破天荒なノリそのままに見せつけるのは邦題もズバリの「アドレナリン」（06）だ。もう、のけぞるような馬鹿面白さとはこのこと。僕はヒイヒイ腹を抱えて楽しんだ。

何しろ、毒を盛られた殺し屋ステイサムが、アドレナリンを出し続けないと1時間で死んじゃうから、と暴力とスリルとセックスに身を置きっぱなしって話だもの。苦肉の策で恋人と公衆の面前でエッチを敢行するシーンは映画史上前代未聞の珍景だろう。だんだんソノ気になっちゃうパッキン恋人役のエイミー・スマート嬢が実にナイス。思わず一緒に腰を動かして（お下品で失礼）応援しちゃうぜ。彼女、その時〝中途半端〟だったからと、仕返しに車内オーラル・エッチでは寸止め・生殺しにするあたりも念が入っている。そんな殺生な！　ラストも、この展開でこうなるかよ、という掟破りの極み。呆然。凄エ！

こうなりゃ、ボクも負けじとアドレナリン全開にして、ネオンの海で力泳だ。よっしゃ、1人、2人は面倒なり。今日は一挙に3人指名でどうじゃ。亜童ちゃんも、麗奈ちゃんも、凜ちゃんもまとめてオイデ。これがホントのアド・レナ・リン！

018 パチーノ、バーキン、18年ぶりの逢瀬にわが胸のときめきを

チッチッチッ、18年っていやあ長いぜ、坊や。生まれたガキが成人映画に堂々ご入場できる長さだ。でも、おかしなもんでな。18年経っちまうと、アッという間だなァ、と急に感慨深くなっちまう。そういうものだ。

アル・パチーノ、エレン・バーキン、長年ごひいきのご両人の〝逢瀬〟が18年ぶりに「オーシャンズ13」（07）で叶うとは、お釈迦様でも気がつくめえ。それも悪辣なカジノ王とその側近敏腕女性という設定に、僕は喜んで敵側に寝返るね。オーシャンズ何するものぞ！と叫びながら。

シリーズ当初はやっぱ「オーシャンと11人の仲間」（60）に愛着、と思っていたが、今回、少し改心した。リメイクをシリーズ化で持続、という希有な例の秘密とは何か。チームワークと余裕のなせる業、ではないか。

ハリウッド族のいい気な馴れ合いと見せかけて、CG全盛時代に、スターの雁首と肉体で勝負する。オリジナルより随分ハイテクに映っても、最近のデジタル映像に比べれば、変装、色仕掛け、舞台裏細工と充分アナログだ。そして、わがパチーノ、バーキンを厚遇する粋な

計らい。それだけで、勝ったも同然！

ご両人といえば忘れもしないのが「シー・オブ・ラブ」（89）である。それまで4年ほど〝引きこもり〟だったパチーノの復帰作であり、当時赤丸急上昇のバーキンの注目作でもあった。

殺人事件を追う刑事と女性容疑者。ともに離婚経験者で、男は女に魅了されつつ、次の犠牲者は自分か、と疑心暗鬼に……。そのせめぎあいにゾクゾク。崩れた色気が充満するバーキンにさらにゾクッ。気が付けば、この手の映画が減って久しい。

あれから18年。パチーノは男のぶざまさ、優しさ、茶目っ気も醸し出す壮年スターとなり、オスカーも手にした。一方、バーキンはやや失速し、レブロン会長とのドロドロの離婚劇を経て、今回〝職場復帰〟。男も女もいろいろあったが、再びの逢瀬に、わが胸のときめきを！

バーキンは、ピンクレッドの胸開きドレスに寄せて上げて詰めたような〝山おんな〟ぶりを見せつけ、萌えメガネ着用もご愛嬌。媚薬効果とはいえ、マット・デイモンにイチコロで攻略されるあたりはさらにご愛嬌。今にもズレ落ちそうな肩紐は目の保養なり。67歳のパチーノには寄る年波を感じたが、バーキンは53歳とは思えぬほど若い。夜目遠目なら一瞬キャメロン・ディアスかと見紛うほど！

もう一度あの頃に、なんて懐古的で厭《いや》だが、もし叶うなら、一番刺激的だった30代に。例えば「シー・オブ・ラブ」の頃に！

019 悪食上等、2007年は何と3週連続〝タランティーノ祭り〟！

メッキの剝げたボクシングの〝亀田祭り（亀田興毅ら三兄弟の試合をTV局がイベント化）〟に比べて、〝タランティーノ祭り〟は、お客さんをガッカリさせません。何と2007年は関連シャシンが1、2、3週の3連投。一面識もないが、タラちゃんとは趣味が合いまくり。例えば、脚フェチ。ボクもアンヨ好き。イカだってゲソが好きだし。強くてケバいネエちゃんも、ゲテ映画も大好物だし。

まず1週目。「デス・プルーフinグラインドハウス」（07）は監督作。1960～70年代のB級映画にオマージュを捧げ、というよりモロにラス・メイヤー監督の諸作、例えば「ファスタープッシーキャット　キル！キル！」（66）などに淫している。わざとフィルムに傷つけ、3番館上映ムードを醸し出し、ザラついた総天然色（死語？）の中、キッチュでビッチなエロかわネエちゃん全員集合で、打倒連続殺人鬼！　悪役のカート・ラッセルが、彼女たちにグルリ取り囲まれ徹底的にボコられるシーンに、タラちゃんのM願望を見たり！

続いて2週目。製作の「ホステル2」（07）はパート1より、鬼畜外道ぶりに拍車がかかる。今度は同じホステルでアメリカ娘が餌食となり、前回も登場した謎の拷問殺人プレイ組織の顧客側も描かれる。「花と蛇」（04）の杉本彩ばりに逆さ吊り状態で頑張ったヘザー・マタラッツォ嬢も偉いし、美貌を電ノコで破壊されるパッキン女優ビジュー・フィリップス嬢も立派だ。でも、電ノコはヒドすぎる。せめて電マ責め（AV用語）にしなさいっ！

でも、真打ちのローレン・ジャーマン嬢の居直り&ド根性は凄いぞ。もう、♪ローレン、ローレン、ローハイド。彼女の掟破りのラストに仰天大拍手。教訓＝地獄の沙汰も金次第！

最後に3週目。出演の「スキヤキ・ウエスタン ジャンゴ」（07）。マカロニ西部劇のエッセンスを日本人俳優に全篇英語でうなりつけるコンセプトは全く正しい。佐藤浩市も、木村佳乃も、キネ旬の連載コラムも好評だった香川照之サンも大怪演！ マカロニ世代とおぼしき三池崇史監督以下のスタッフの熱意は、特別出演タランティーノとも呼応する「続・荒野の用心棒」（66）があり、「殺しが静かにやって来る」（68）があり、「ウエスタン」（68）がある。そのめくるめく陶酔は、何と北島三郎の日本語版〝ジャンゴ〟熱唱で大団円。未だ、仕事中のバック音楽にマカロニ多用のボクは最高の気分で見終えたっけ。

3週続けてタラちゃんゲテ料理完食はいかに悪食の徒でも満腹必至だが、ボクはギャル曽根の如く〝おかわり下さい〟コールじゃ。これでも食えンティン！ まだまだ足らんティーノ！

020 壊れゆく女、堕ちゆく女、狂いゆく女に愛をこめて！

現実だと、さすがにそうは付き合えぬが、少なくとも映画では、堕ちゆく女、壊れゆく女、狂いゆく女はナンボでものクチ。♪堕ちてゆくのも幸せだよと、と歌ったのは沢田研二だったか。

まず壊れゆく女。かつて「アダムス・ファミリー」（91）、「キャスパー」（95）での不思議少女クリスティーナ・リッチは、大人になっても摩訶不思議なまんま。一応パッキン、脱ぎっぷりもイイし、と勧められたが、あの幼児体型だし、ちょっとアウト・オブ・眼中（死語？）。もっともそこがソソられるぜ、というわが長年の外道悪友もいるが……。そんな彼女の奇異なエロス性を十分活用したのが「ブラック・スネーク・モーン」（06）だ。

半殺しにされて道端で昏倒していたセックス依存症の彼女を拾い、ジャラジャラと鎖に繋いで〝荒療治〟するのがサミュル・L・ジャクソン。三面記事的に煽れば「依存症につけこみ、金髪美女を鎖調教する変態男！」と糾弾されかねないが、彼は性的倒錯者とは無縁の元ブルース奏者で、妻から一方的に離婚されても健気に農業を営む敬虔な男なのだ。「何度シテもいいよ」と自堕落に迫る彼女に躊躇なくNOと言える彼は立派だ。音楽による人心の浄化がテーマだけのことはある。わが外道悪友なら速攻でゴチだけど。イジワルなボクは「きっと小柄な金髪女は趣味じゃねえんだよ。これがビヨンセかハリー・ベリーなら分からんゾ」と茶々入れたりして。ある意味、南部ブルース版・傷だらけ調〝マイ・フェア・レディ〟と見立てたが、いかがか。

次は堕ちゆく女。この秋、わが最大の隠し球女優は「M」（07）の美元《みをん》（その後、高嶋弟とのドロドロ離婚劇で有名に）。日韓ハーフの美人で、2000年ミスユニバースジャパンでの受賞経験も持つ。ミスコン美女に弱いボクはイチコロパンチョス。主婦売春の罠に堕ちるヒロインだが、かつてのごひいきロマンポルノ女優・小川節子のようなムード、その柳腰、上品な美乳に釘付け。〝責め〟を懇願する全裸両手両足緊縛転がしシーンにも熱がこもる。一見平和な日常の落とし穴、女性の深奥という一貫した廣木隆一テーマも我が意を得たり。

最後には狂いゆく女、でどうか。「人が人を愛することのどうしようもなさ」（07）の喜多嶋舞は素晴らしすぎる。壊・堕に狂まで加え、トッピング全部乗せ状態は圧巻の一語なり。現在「魂萌え！」（07）の風吹ジュン、「腑抜けども、悲しみの愛を見せろ」（07）の佐藤江梨子とともにわが主演女優賞三つ巴、横一線！　ぜひ、これを機に三十路女優の中核へと期待する。だって、喜多嶋舞＝キタジママイ。アナグラムで並び替えると、マ、マジ期待！

021 ニコールに〝淫ベージョン〟し、「誘う女」↓「待つ女」へ

〝肩フェチ〟のボクは、女性の胸の大小についてはとっくに解脱《げだつ》しているが、ハリウッド人気女優〝壁おんな〟（TVドラマで流行った表現）三羽烏といえば、キーラ・ナイトレイ、ミラ・ジョヴォヴィッチ、ニコール・キッドマンあたりか。〝砂漠に干しぶどう〟ぶりがいっそ潔い。〝山おんな〟何するものぞ。中では一番ビッチなミラが好みだが、ニコールも作品次第では。時には「ドッグヴィル」（03）みたいな空念仏映画に出て、大いに幻滅させてくれるが、今回、侵略SFの古典に挑戦した「インベージョン」（07）は賢い選択だ。

ヒロインはバリバリの精神分析医でシングルマザー、という新設定は、いかにもトップ女優が好みそう。冒頭、議論好きのロシア大使相手に一歩も引かぬあたりキャラが立っている。とにかく〝寝たら複製人間にされる〟ので、目の下クマ子になろうと、ウイルスの影響で肌がボロボロになろうとド根性。睡眠不足の美女って何だかエロい、と思うバチ当たりはボクだけ？　ところで純正〝壁おんな〟のはずの彼女が、本作ではミョーに〝山おんな〟に見える。整形か、詰めものか、それとも新亭主キース・アーバンの励行か。出来れば、ニコールに〝淫ベージョン〟して確かめてみたいね。そんなニコール映画でボクが一番好きなのは「誘う女」

（95）だ。トム・クルーズの〝アクセサリー女優〟から脱却してゴールデングローブ賞を獲得したほど、あの夫殺しのブチ切れお天気キャスターはサイコーだった。

ちなみに「誘う女」のような〝動詞＋女〟の題名には昔から滅法弱い。その起源は幼少のころ見たクラウディア・カルディナーレの「鞄を持った女」（61）あたりか。「読書する女」（88）、「光る女」（87）、「待ち濡れた女」（87）、「噛む女」（88）……ナンボでも出て来《き》よるわい。ロマンポルノで加えれば、風間舞子の「泣く女」（80）とかさ。

そんなボクには「待つ女」（07）の邦題だけで勝ったも同然。♪女はいつも待ってるなんて……と男のいい気な願望を斬り捨てたのは百恵チャンだったが、ボクも人の子。〝待つ女〟に弱いのは、カルディナーレの「ブーベの恋人」（63）の刷り込みか。

こちらは、7年の刑の夫に欠かさず面会に行く女。そんな彼女に近づく若い看守は……。こういうタッチは、もうフランス映画の独壇場。意外な展開となる中後半、屈折した男の思いも含め、感じ入った。ヒロインのヴァレリー・ドンゼッリ嬢は、ソソられるイタリー系美人だし、しっかり脱いで下さるし。その触れなば落ちん、の風情にボクの下心はバレバレ、ヴァレリー！

022 やっと非パッキン筆頭のご登場。アンジーるより生むが易し！

キム、シャロン、シャーリーズ、スカーレット、ユマ、モニカ、サルマ……洋画のごひいき女優はあらかた俎上に乗せた。でも、一寸待ったァ！　肝心な人を忘れてねえかい、と讃岐代参の森の石松みたいにつっかかるね。わが非パッキン部門筆頭、愛しのアンジーことアンジェリーナ・ジョリー様のコンコンチキよ。

外野が「もうとっくに人の妻じゃん」と言っても「いいじゃん。とりあえずブラピに預けてると思えばサ」と遠吠えしたい。最近、離婚報道があったけどね。

思えば「Mr.＆Mrs.スミス」（05）からお見限りに。それから2年弱、トンとご無沙汰だったが、ここに来て新作3連発の確変状態だった。ボクは「へっへぇ〜、来やがった、来やがったい！」と「七人の侍」（54）の菊千代のように雀躍して武者震い。

「グッド・シェパード」（06）は面白くはあるが、家庭崩壊劇に力点を置きすぎたのが難。アンジーの耐える妻ぶりが全然〝らしくない〟。夫が単身赴任時の浮気・不倫を相互告白し詫びるシーンに呆れた。こんな偽善的誠実さは、アンジーに似合わない。

一方、「マイティ・ハート／愛と絆」（07）は、役柄は確かに彼女には似合うが、米人記者拉致殺害事件再現フィルム的で、平凡な社会派映画の域に留まった。それでも、怒り、嘆き、叫ぶ彼女の一挙手一投足、瞳、唇、肩、胸元を目で追うだけでゾクゾク。女優の力は作品を救済するね。エピローグでしか語られぬヒロインのパリ生活を克明に描いたほうがよっぽど興味が湧くのに。

それにひきかえ、「ベオウルフ　呪われし勇者」（07）の〝怪物の母〟役は出番は数シーンのみでも、作品を〝裏支配〟する。後ろで三つ編みに束ねたロングヘアはトカゲの尻尾の如くうねり、誘惑の穂先を男にからませる。水面からヌゥ〜と顔を出すシーンからしてエロいが、色を変えてブロンドの光沢で魅せる肌はなまめかしく、たわわな実りの乳首や神秘の股間は更にエロい。

ただし、これは新技術パフォーマンス・キャプチャーの賜物。ほぼCGに近いが、実際に俳優が演じて〝型取り〟をする分、生身感はある。でも、これ以上は映画・俳優・肉体を殺す。くわばら、くわばら。ストップ・ザ・映像技術の暴走！

わがアンジーの今後にも微妙な影を落としかねないこの3連発だが、心配ご無用。この後は久々の活劇系「ウォンテッド」（08）、そしてイーストウッド御大との夢の世界最強コラボ実現「チェンジリング」（08）と続く布陣なのだから、アンジー王朝は盤石《ばんじゃく》なり。汝臣民たる鉄次ごときが心配するに及ばず。古人曰く、アンジーるより生むが易し！　ってね。

023 バイク美女から〝神の手〟大熟女へ。マリアンヌの体は履歴書

「鉄ちゃんの前世《ぜんせ》って女衒《ぜげん》よね」って、酒友美女に酔眼で言われたっけ。まだ江原某のスピリチュアルなんたらが流行する前の頃だ。無論褒め言葉として受け取った。確かに「陽暉楼」（83）の岩伍（大勝）、「麻雀放浪記」（84）の達など女衒キャラには愛着十分、〝女優品定め〟も大好き。そもそも山口県の実家は遊郭の隣の酒屋だったし、世が世なら三代目若旦那くずれとして〝お隣〟と深い付き合い。「嬢ちゃん、年ナンボ？ 早ぉ、大きゅうなりいや」とか言ってさ。照れるぜ。

俗徒としては、苦界《くがい》哀話は承知の上で、歓楽街のお姫様たちを真っ当に扱う〝ちょっといい話〟にはすぐほだされる。「愛の新世界」（94）や「ダニエラという女」（05）を愛するのはそのためだ。「やわらかい手」（07）もぜひ、その軒に加わらせたい。

この映画、相当デキる。だいいち〝難病の子（孫）のために〟というお題から、風俗街で手術代を稼ぐ大熟女……と発展させてゆくのが天晴れ。安易な凡百の難病映画を嘲笑って痛快シゴク。おっ、シゴクといえば、これは至極〝シゴく〟映画である。何しろ、意を決しラッキーホール商売を始めたら、その〝神の手〟に男どもは次々昇天、たちまち売れっ子荒稼ぎ。

熟年を迎え初めて知る意外な職業適性！　ボクが書くと風俗艶笑ものに映るが、そのタッチは真摯そのもの。仕事熱心なヒロインを投影しているおり、醸し出されるユーモアもまた決してお下品には見えない。

「君の歩き方が好きだ」と褒める店長を演じるミキ・マイノロヴィッチの武骨な気配りの数々に感服。ボクの前世がこんな店長なら御の字だけど。この映画への愛着度に拍車がかかるのは、ヒロインがマリアンヌ・フェイスフルだから。他のベテラン演技派女優ではここまでは感じぬ。「あの胸にもういちど」（68）の彼女が約40年後に、こういう役でご登場とは、お釈迦様でも気が付くめえ。当時「黄金の七人」（65）のロッサナ・ポデスタは毛皮の下が、このマリアンヌは黒のレザースーツの下が全裸というのがたまんなかった。〝欧州のパッキンは下着を着けない〟とのボクの迷信が一人歩きした頃だった。

その後の彼女は、波瀾万丈伝。ミック・ジャガーとのドロドロの関係から転落し、ヤク中、自殺未遂、ホームレス同然……21世紀に入りやっと復活という〝マリアンヌの体は履歴書〟があるからこそ、この映画の説得力が倍加する。女優への愛着は一生もの。ふた昔以上前の洋酒のＣＭ風に言えば、深く愛して、長〜く愛して。わが青春のマリアンヌを、おかえり、と迎えたい。

024 肩フェチ垂涎のビール嬢を〝世界一の戦闘服美女〟に認定！

または私は如何《いか》にして心配するのを止めて肩幅を愛するようになったか？　還暦もとうに越えたことだし、わが〝肩フェチ〟小史をふと紐解いてみた。水泳部だった高校時代のガールフレンドC嬢から、かつて円盤投げやってた現在のカミさんまで、やっぱ充実の肩幅はポイント高い。夜の巷で肩幅美女と遭遇すれば、形容詞過多でカタ《カタ》をホメ殺したっけ。「肩を褒められたの生まれて初めて。もう削り取りたいほど劣等感なのよ」と宣《のたま》うテキに「これからボクが百万遍褒めてあげる」ってね。とにかく華奢なで肩より、男物のシャツや背広を引っかけても絶対落ちぬ発達した肩が好き。極端に言えば、肩パッドなしでアメフトできるほどの！　アメフトといえば「スーパー・タッチダウン」（91）の紅一点パツキン美女キャシー・アイアランド嬢の美巨肩は忘れ難いが、あの人は今……いいコだった。ちなみに、服飾ブランドを興し大成功。億万長者となり、わがことのように嬉しい。

で、現状ベスト美巨肩女優はジェシカ・ビール嬢！「テキサス・チェーンソー」（03）では肩震わせながらも、電ノコ攻撃相手に耐え抜き、「ブレイド3」（04）では肩幅強調の戦闘服の弓矢銃美女で、バンパイア相手に余裕でカモン。「ステルス」（05）では将軍様国家の領内不時着後は肩振り乱して、ド根性で脱出する女性トップガンだもの。その圧倒的肩幅と肉厚胸板が映える彼女を〝世界一戦闘服が似合う美女〟に認定す！

「勇者たちの戦場」（06）では、イラク戦争で瀕死の重傷を負うヒロインだ。戦場での、帰国の途での、凛々しい軍服姿に燃え（萌えに非ずっ）ちゃうぜ。特筆ものは、彼女が映画史上初かもの〝義手の元女性兵士〟を本格的に演じていること。すわっ〝「ローリング・サンダー」（77）女性版〟と早合点したほど。義手メンテ・シーンも実にリアルだ。嗚呼、おいたわしや、と痛みを共有しつつも、絶品の〝肩ヌード〟についつい目を奪われるボクって罰当たり。姫、鉄次めの心は汚れておりますっ。汚れついでにホメ倒し。いや、ホント、いい肩してるね。左右にガッツリ伸びた充実の美肉尾根は極上ショルダーベーコン級。こんなにモリモリ育っちゃって、ウヘヘ。その絶品の鎖骨に美酒なみなみ、鎖骨酒と洒落たいね。

酒といえば、来日時、升酒が気に入ってグビグビ、てな逸話もナイス。「おっ、嬉しいね。イケるクチかい」「ミネソタ生まれよ。ダテに名前がビールじゃないわよ。ミルウォーキーだって近いのよ！」とすっかりデキあがったジェシカに、口説き文句は「キミと夜のショルダーブロック合戦をしてみたい」で、どや。ゲホッ、肘鉄が関の山か。

025 日本一早く主演女優賞、新人女優賞内定とは暴挙、愚挙？

2008年3月時点と思いねえ。まだ本格的な春も来ないのに、日本一早く今年度わが主演女優賞、新人女優賞を内定させるとは暴挙、愚挙？　せめて蛮勇と呼んで。

07年も1月に主演が風吹ジュン様、助演に余貴美子様をもう内定させてやんの。最終的にはジュン様を裏切った前科もあるのに、懲りないボクの脳内構造を、人は〝一度頭カチ割って見てみたい〟と言うのでしょうか。

で、さあ注目の（自分で言うか、普通）主演女優賞は小池栄子嬢！　〝競輪場にコイケエイコ！　チャリ〜ン〟のCMも好きだったけど、07年の東京フィルメックスで見た「接吻（08）の彼女にはKOされた。舞台挨拶で万田邦敏監督が「バラエティの時とは全然違う彼女をお見せします」と自信満々に語ったように、この小池栄子が凄い！

同情の余地なき服役中の一家惨殺犯に同じ体温を感じたのか、なぜか恋情を抱き、面会を続ける女性の異形愛に圧倒された。ヒラメ美人（親しみを込めてこう呼びたい）の栄子嬢の離れたお目々が異様に輝き、暴走してゆく。最後までそのまなざしは一直線で、いっそ潔い。「これは一種の阿部定です」と看破した素顔の彼女もかなりクレバーとみた。新婚早々公開の主演作がこんなに凄い異形愛ヒロインとは。彼女の魅力は今や巨乳ではなく演技。ぜひご確認を！

続いて、新人女優賞は安良城紅（現・BENI）嬢！　すでに有名シンガーの彼女の初主演作「ブラブラバンバン」（08）は、最近流行りのスポーツや音楽系青春映画だが、それらが意識的に避けているとしか思えない〝エロス〟を前面に押すことによって一線を画している。そりゃ原作のコミックスほどの露出度は望めぬが、安良城ちゃんは吹き替えなしで背中ヌードを披露し、あっぱれじゃ！

音楽や演奏で高まるとエッチな暴走キャラに変身……の設定にボクはニッコリタンメン。楽器や音楽はエロい存在でもある。楽器と女体はしばしばシンクロするし、劇中に登場する『ボレロ』が性的興奮を誘発するのは「テン」（79）でも実証済み。『タブー』に至っては言わずもがな。彼女のホルン吹奏の口元は疑似Fか、興奮してホルンの筒先を手でまさぐるの図は疑似オナか。

そのヌードな肩幅も胸板もマイタイプ。目尻と鎖骨でクロスするホクロ2つもエッチ。安良城紅って源氏名（？）もケバくて場内指名しちゃうぞ。おまけにアラシロ・ベニシオ・デル・トロって役者尻取り出来るし？　かくて、早くも女優2部門内定。どうせ暮れになりゃ変わるって？　じゃあ内々定ってことで、手形乱発、不渡り御免（コラ～、逃げを打つなっ）。

026 新ボンドガールを品定めしつつ〝熟女観音〟ダイアン姐へ

わ〜い、50回記念（キネ旬連載当時）だ！　といっても別に何か出すわけではないのだが、勝手に新ボンドガールなんぞを呼び込んで祝ってもらうことにした。「007／慰めの報酬」（08）でメインのボンドガールを演じるオルガ・キュリレンコ嬢をひと足お先に品定めしたのが「ヒットマン」（07）である。

孤高の殺し屋と孤独な女性、というと「レオン」（94）を想起するが、こちらはネーちゃんが美少女ではなく、ロシア人娼婦ってのが個人的に高ポイントね。「オルガちゃん、オレが・来ュリレンコ！」って、オヤジギャグ的記憶法で一発入力でい。ルックスは「月曜日のユカ」（64）の頃の加賀まりこにクリソツ。役名もニカで、ユカに酷似してるし。要するにコケティッシュなヴァンプ・タイプなんよ。国際的暗殺組織に育てられ、後頭部にバーコードを彫られた殺し屋と運命的に出会う女。目尻に龍のタトゥーを入れた娼婦という奇態な設定にもかかわらず、なぜかプラトニックな〝泥だらけの純情〟に昇華してゆく。ゲームソフトの元ネタに、生身の肉体感を存分に付加してくれたオルガ嬢のスペルは、残念ながらＯＬＧＡだが、有機のＯＲＧＡＮＩＣにも、オルガスムスにも通ず、と信じたい。

と、新ボンドガールにしっかり秋波を送ったその足で結局向かう先は、長年ご愛顧〝熟女観音〟ダイアン・レイン姐さん宅だと思いねえ。

「ブラックサイト」（08）は久々に超ブラボー！　と叫びたいほどの快作だった。自身のサイトに生々しい殺人映像を載せ続ける男を追うネット犯罪専門捜査官サマ。素顔も銃の名手とウワサの姐御だけに「ホワイトハウスの陰謀」（97）以来のハマリ役と見た。その敏腕キャリアウーマン像が迫真。化粧っ気ゼロ、髪もショート、目の下クマ子、口元の小じわも丸判り。それが逆にセクシーなのは彼女の自信の表れか。もう下心付きで相談に乗っちゃうぞ。

抗凝血剤、赤外線灯、硫酸水などを使って被害者を真綿で首締め状態にするマニア殺人度もすごいが、ヤツに捕まり、ダイアン姐・逆さ吊り（！）の図がすごすぎる。

「コラ～、観音さんを逆さにするたあ、この罰当たりめが！」とヤジ飛ばしつつ、「ダイアン姐、さあドーする、ドーする！」と娘義太夫みたいな合いの手を入れ、手に汗ビッショで大興奮しちゃったぜ。

子役出身ながら曲がらず、第一線をキープ、艶やかに年齢を重ねて只今四十路チョイチョイ。この手の〝熟女観音〟口説くにゃ雨の日が吉。だって〝大安レイン〟って言うでしょうがに！

027 5月はレイチェル月間！今やレイチェルはワイズに非ず！

そういやあ、最近パツキンクラブにご無沙汰か、とネオン街をふと遠目に皐月の夜空。せめて誌上で侍らそう（おいおい）。

まずは、すでに人気筋のジェシカ・アルバ嬢。「シン・シティ」（05）の臍出しストリッパー役はオヒネリねじ込みたいほどヒューヒュー。臍酒に合いそうな、臍フェチ垂涎の逸品なり。そんな彼女が、マルチ画面に映される激しいエッチ三昧に負けじと弾ける少々ドジなペンギン飼育係を演じた「噂のアゲメンに恋をした！」（07）は、コメディエンヌの適性度アルバ！

おっとアルバといえば、アルバ記念としゃれこんで、皐月賞はショウナンアルバ（牡だけど）からブチ込んで大惨敗！　でも、懲りずに次もアルバ馬券で！

アルバ、アルバと連呼しながら同じジェシカでも、肩幅の差でジェシカ・ビールに首ったけの小狡《ずる》いボク。理想はWジェシカにサンドされる快感に酔いたいのココロ。君たちはもちもち白磁のブレッド、ボクはカリカリ黒々ベーコン！　往年のディーン・マーチン、サミー・デイヴィスの「君は銃口／俺は引金」（65）の主題歌、♪ユー&アイ・アー・ソルト&ペッパー〜をなぜか思い出しちゃうぜ。

同じ○○でも……のお題の真打ちは「今やレイチェルといえば、ワイズに非ず、ニコルズ！」と豪語。天下のオスカー女優を差し置くほど一目ぼれした「P2」（07）の闘うヒロイン、レイチェル・ニコルズちゃんちゃこりんよ。

サイコな駐車場員に狙われたエロパツなキャリア美女による〝手錠のままの反撃〟が高ポイント。相手のドーベルマンを車の中でブチ殺し、駐車場階上階下を暴走するチキンレースでも「上等じゃないさ！」と啖呵を切り、スタンガンにはスタンガンで報復する頼もしさ。やれ、レイチェル、俺が許す！　かつて「トゥルー・ロマンス」（93）で血みどろ・傷だらけ・汗まみれで屈強の殺し屋を倒したパトリシア・アークエットに匹敵の快感は〝ハウ・ロマンチック〟！　さて彼女、２００８年5月はトム・ハンクス主演「チャーリー・ウィルソンズ・ウォー」（07）もあり、さながらこの月は〝全国的にレイチェル月間〟と思うのはボクだけ？ただ、こちらは映画が残念なり。お調子者議員がアフガン戦争終結に導くお手柄の実話に基づくのだが、偽善の匂いがプンプンすらあ。マイク・ニコルズ監督も終わったね。「キャッチ22」（70）の気概はどうした？

わがレイチェルちゃん筆頭に美人秘書軍団〝チャーリーズ・エンジェル〟の活躍場も乏しく、宝の持ち腐れ。口直しに「P2」をもう一回見ようっと！

028 木村多江、ヴィゴ、東ドイツ……そのココロは？

連載（キネ旬当時）も55回に。おっ元ヤンキース松井の背番号じゃん、と担当K嬢（現・ミセスK）の神経を逆なでしたりして。いかん、話題をチェンジ。今月のお題を勝手に決めると、木村多江、ヴィゴ、東ドイツ。そのココロは、性的なるもの！

まず「ぐるりのこと。」（08）の木村多江のリリー・フランキーとの〝生活実感演技〟が絶妙ではないか。長いこと夫婦してりゃ「う〜ん、分かるねえ。ウチもあんなもんよ」と得心した。夫の特殊な仕事（法廷画家）から垣間見る社会的大事件と、夫婦の些細な事象との対照も見事だ。白眉は〝スル日〟の夜。「この感じからは……ちょっと勃たないと思うなあ」と夫が尻込みするあたり、ボクの方が顔を赤らめたほど微苦笑させられた（人のセックスを笑うな！）。さらに、風呂場で全裸の夫のチン○襲撃の多江サマのちょっとエロキャラが新鮮。そろそろ〝日本一不幸が似合う女優〟は返上して〝日本一生活エロス実感が似合う女優〟に。却下かなあ。

で、受難の役が多く不幸が似合う〝アメリカの木村多江〟ことナオミ・ワッツ出演の「イースタン・プロミス」（07）は〝女優で映画を見る〟ボクを以てしても彼女よりヴィゴ・モーテンセンを今回は優先だ。〝禁断の領域に踏み込んだ〟〝別の顔を持つ〟というクローネンバーグ謹製の主人公を演じてゾクゾクもの。珍しく「ヒストリー・オブ・バイオレンス」(05)に続くヴィゴ起用は、さては黒念縛御大、惚れたな、とゲスの勘ぐりするよ。

ボクも「インディアン・ランナー」(91)でグレまくり、キレまくった若きヴィゴにKOされたものだ。毒気が希薄な時期もあったが、黒念縛御大との最強タッグなら再び毒気増量！ 漢字でアテれば美豪・猛転戦？ ロシアン・マフィアのキレ者で、ボスの息子の問題児との友情か愛情かの妖しい関係も醸し出す。タトゥーだらけのボディで、全裸フルチン・ファイトも辞さずの役者根性に拍手を！

さて、衝撃のドキュメンタリー「コミュニストはSEXがお上手？」(06)も興味深く拝見した。お堅いはずの東ドイツは宗教的戒律、あるいは保守的道徳観に縛られた〝西〟より、実ははるかに性的優等国だった、という皮肉を、たった52分じゃ短すぎるほど明快に説いてくれる。性的事象が閉塞している日本にも当てはまる示唆に富んでいて、思わず目からウロコってヤツ。

木村多江はバブル崩壊後の、ヴィゴはソ連崩壊後の、「コミュニスト〜」はベルリンの壁崩壊後の現実を垣間見せた。性的なるもの、の存在は大きい。

029 〃アラ30〃久美子、〃アラ40〃アシュレーの素敵な壊れ方！

30歳目前の酒友美女が「三十路って言い方、急にオバサンっぽいイメージして、なんか嫌い」と宣《のたま》った。さあこれからの年齢じゃん、ととりなしてもテキは得心せず、「〃アラ40〃ならぬ〃アラ30〃では？」と妥協案を出すと、やっと鉾《ほこ》を納めた。

「三十路を前にこんなかっこうさせていただけてとても光栄です（笑）」と宣ってくれたのは「純喫茶磯辺」（08）で、アンナミラーズの出来損ないみたいなダサいコスプレミニスカ喫茶店員を演じる麻生久美子嬢である。コスプレは「RED SHADOW 赤影」（01）のくノ一編みタイツ以来か。そのアンヨ美が今回も拝める。本人も認めるように、彼女はこれまで生真面目あるいは、可哀想な役が多くて、個人的には日光の手前（今市、イマイチ）だったが、今回は見事に自分を〃壊して〃くれた。

セリフもすごい。「私なんて○○の毛がボウボウでお腹まで。見たらドン引きですよ」とか、「私、ヤリ○ンだし」とか。しかし、この偽悪的セリフにヒロインのハードボイルドな心を見る思いで、惚れたね。何を考えているか解らない、成り行き任せの風来女ぶりが愛しい。

かつての「波光きらめく果て」（86）の松坂慶子を想起した。トラブルメーカーの己を自覚し、さすらう覚悟のある女性は素敵だ。

麻生久美子。アソウクミコ。並べ換えればウソ・アク・コミ＝嘘・悪・込み。三十路になったら嘘も悪もコミコミの女優をぜひ目指して欲しいものだ。ちなみに「百万円と苦虫女」（08）で蒼井優が演じたヒロインも十分ハードボイルドで刮目に値す。

さて〝アラ40〟女優で、素敵な壊れ方をしてくれたのは「ＢＵＧ／バグ」（07）のアシュレー・ジャドだ。もう圧倒的。映画を観て興奮のあまり汗が出たのは久しぶり。元亭主の暴力から逃れ、モーテルに仮住まいのヒロインが徐々に〝ＢＵＧ（虫）〟にさいなまれてゆくプロセスを、どっこいしぶとい巨匠ウィリアム・フリードキンが巧みに魅せる。ヒロインの狂気の分岐点はどこ？　と考え始めると夜も眠れん。

スッピンでスッパダカで熱演するアシュレーが「私はスーパー・マザー・バグ！」とバンザイするシーンで、ボクも彼女にバンザイ。その鬼気迫る壊れ方は女優根性の極北だ。〝旅する連続殺人鬼女性〟を演じた「氷の接吻」（99）、〝私は連続殺人犯〜泥酔女刑事〟に扮した「ツイステッド」（04）に続くアシュレー狂気ヒロイン路線に我、イタク感服セリ。

彼女には修羅が、邪道が似合う。漢字でアテれば、阿修羅・邪道！　なるへそ。

030 車はアナログ、ねーちゃんも生身＝レース映画の基本！

免許もないくせにカーレース映画がなぜか好きだ。F1中継もよく見るしね。レースクイーンも当然好み。高島礼子サマだって元レースクイーンだぞ！

「グラン・プリ」（66）、「栄光のル・マン」（71）の昔から、最近の「ワイルド・スピード」シリーズ（01〜）や「頭文字D THE MOVIE」（05）までサーキットもの、公道もの問わず楽しんだっけ。「スピード・レーサー」（08）はCGてんこ盛りで、ソレ狙いは解るが、車のアナログ感、ねーちゃんの生身感は皆無に等しく、興奮度もゼロ。何か巨大なデジタル映像のパチンコ台『CRスピード・レーサー』の盤面を眺めながら虚しく打ってる気分で疲労困憊。もはやウォシャウスキー兄弟（2人とも性転換して現在は姉妹）には「バウンド」（96）の昔に帰る気はないのか。

その点、「レッドライン」（07）はCG無用のスピン&クラッシュや生身ねーちゃん度において太鼓判だ。ハワード・ホークス監督の「レッドライン7000」（65）のリメイクか、と思ったら違ったが、それでもゴキゲン！　賭博レースに巻き込まれた天才的ドライビング・テクニックのヒロイン。演じるナディア・ビョーリン嬢にボクはイチコロパンチョス。

往年のごひいきアン＝マーグレットにも似たキツめの美貌にダイナマイトボディがタマランチ会長（古い）！　スウェーデンから幼少期にアメリカへ、という経歴もアン＝マーに酷似。北欧産美女好きのボクにはポイント2倍セール！

歌手志望のヒロインなので、劇中で歌う「♪車になって貴方を乗せたいワ。高性能で長時間の耐久性も抜群の私よ〜」みたいな歌詞がエロい。確かに、同じ乗るならフェラーリやポルシェより、ボクもナディア嬢を選びたい。仇敵相手にする中指おっ立てポーズもサイコーやんけ。こんなにステキなヒロインなのに、本篇の後で見た予告篇にはカノジョほとんど数秒しか出てなくて、車、レースのみフィーチャー。何でや！　と宣伝元に軽くクレーマーしたら「日本ではあの手のキツくてゴツい美女は受けないんで……」という結論に達した。確かに、若い頃、周りにアン＝マー好きは皆無だったなあ。「シンシナティ・キッド」（65）、「サイレンサー第2弾／殺人部隊」（66）、「大列車強盗」（75）……みんな良かったのに。

この際、使命感に燃えてナディア・ビョーリン・ファンクラブ日本支部を立ち上げたいのココロ。往年のアン＝マー好きの方も大歓迎。現在会員数約1名（ボク）。ナディアをナデナデしたい人この指止まれ！　さあスタート・ユア・エンジン！

031 夏休みはキャメっちに笑い、キルストンに鈴木砂羽を想う！

そろそろ〝野郎〟にしてみっか、と思いつつ今号も女優ちゃん。２００８年の夏休み洋画ベストは「ベガスの恋に勝つルール」（08）でしょ。このキャメっち（ボクが勝手につけたキャメロン・ディアスの愛称）ったらサイコー。ベガスで酔いに任せてノリで結婚も、素面《しらふ》になって当然後悔、ソッコーで離婚手続きのはずが、スロットで３百万ドル大当たり。半年間良き夫婦を務めないとお金は没収、という裁判決定に、泣く泣く仮面夫婦を続けるハメに……という展開が面白すぎ。

イケメンのくせにワルノリ喜劇イノチのいい根性しとるアシュトン・カッチャーとの掛け合いも抜群。トイレ蓋の上げ下げや流し台で小便など、下世話だけど実感こもるネタやヒロインのア○ル性癖などきわどい笑いもビンビン。彼女のこのあたりのシモネタ上等ぶりが、ゴールディ・ホーンやメグ・ライアンとは違う喜劇女優特性だろう。ケータイのＣＭでは犬に食われたが、映画ではぶっちぎり。夏バテはキャメっちのバカ笑いで吹き飛ばしちまいな！

コレに続く夏休み洋画は「この自由な世界で」（07）。ケン・ローチ監督作はもちろん嫌いではないが、時として真っ当すぎてね。でも今回は搾取される労働者からさらに中間搾取する女傑手配師描いて実に新鮮だ。なにせヒロインのキルストン・ウェアリングが素晴らしすぎ。往年のドミニク・サンダを労働者階級にしたようなルックスもタイプだし、パツキン、豹柄、バイクでブイブイいわし、寄場を仕切るイデタチにボクは1RでKO。喜んで彼女のパシリになるぞ。

だから、自分（と彼女の子ども）の幸せだけを求めて逸脱・暴走してゆく〝悪役に近い〟姿をボクは批判しきれない。やむにやまれず、なりふり構わず生き抜くとはこういうことなのだ。むしろ、何があっても偽善者にだけはならない！　という我が意を強くさせて貰った次第だ。

この役、日本なら絶対鈴木砂羽嬢でキマリ金時。ルックス的にも似ているし。わが愛しの砂羽嬢もこういうヒロインを演じてくれれば「愛の新世界」（94）以来の代表作たり得るのに。ぜひ彼女主演で邦画リメークを！

032 再び[刺青]あり。盤石アンジー王朝から新興・由里子嬢へ

同じカラダとは当分肌合わせしないことを不文律としていたが、2回り半もすりゃ裏を返すにゃいい頃さ。かくも長き不在、ってヤツよ。おっ、しばらく見ねえうちに一段と女っぷりが上がったじゃねえか、とお愛想一つも言いながら、ドサクサ紛れに転がり込んだりして。照れるぜ。

どうせ裏を返すなら最愛級のお馴染みさんへ。アンジェリーナ・ジョリー宅に闖入《ちんにゅう》したいね。その時予告した「ウォンテッド」(08)が待望の公開だし。いわば〝殺し屋スカウト陰謀もの〟で、映画もモーガン・フリーマンとテレンス・スタンプの配役のヒネリが象徴する上々の出来。厳密には主演はジェームズ・マカヴォイで、彼女は特別出演扱いだが、結果的に画面を支配するアンジー王朝は盤石! ややパッキンに染めた点も高ポイントだ。

私生活そのままのようなタトゥーだらけのボディにもソソられる。多分いくつかは自前の彫り物のはず。〝私物〟を役作りに使う役者魂を見たね。そんなタトゥー女王アンジーが、地獄のほほ笑みを浮かべながら曲芸撃ちを繰り返す勇姿にシビれまくり。特にフロントガラスを破って、車のボンネット上でのけぞりながら連射するところでボクは溶けたね。今更な

がら、大写しになるあの猛禽類顔がたまらん。ああ鋭い嘴《くちばし》のようなその唇に啄《ついば》まれたい。牝豹のようなその舌で顔を縦一文字にベロリと嘗め倒されたい（アホ）。

おお、舌といえば〝スプリット・タン〟で話題の「蛇にピアス」（08）は意外に面白い。蜷川幸雄監督は〝痛い感じ〟を見事に具現した。痛みの先に何があるのか、はともかく通過儀礼をしっかり見せる。ヒロインの吉高由里子は、まだ10代なので年齢的に範疇外だが、〝痛い〟シーンにも濡れ場にも果敢に挑んで先が楽しみ。5年寝かせてコルクを抜こう。ルックスもイメージも違うが、アンジー級の大物感が漂うと過大評価しておこう。今を時めくアンジーだって、ツバつけた初主演作「サイボーグ2」（93）の頃は17〜18歳だったもの。梅檀《せんだん》は双葉より芳し。

そういえば、タトゥーがお題も、再びか。北京五輪では、肩フェチ必見シンクロナイズドスイミングに見入ったが、ロシア代表アナスタシア・ダヴィドワ（当時25歳）には、水着の背中に袈裟がけで舞う蝶々のタトゥーがあるのだ。思わず「ゴールドパピヨン」（84）てな低俗エロス活劇がつい頭に浮かぶボクって何奴だ。［刺青］あり。上等なり。婀娜《あだ》な女の心意気、と改めて得心した。

033 アン・ハサウェイ嬢の〝脱・オードリー作戦成功〟を祝す！

〝清純派は三日で飽きる〟はボクの持論であり、その〝仮想敵〟は今も昔も邦画では吉永小百合、洋画ではオードリー・ヘップバーン。代わりに、いち早く〝清純派〟の呪縛から自らを解き放った女優ちゃんを過大評価、優遇措置するにやぶさかではない。

最近でいえば、例えばアン・ハサウェイ嬢。「プリティ・プリンセス」（01）の頃は、世間はこぞって〝オードリー・ヘップバーンの再来〟と騒いでいたが、当然、ボクには守備範囲外のアウト・オブ・眼中（死語）。ところが一気に刮目したのが「ブロークバック・マウンテン」（05）での夫がゲイと知った若妻役。おまけにヌードもバッチリ。脱いで〝脱・オードリー作戦〟たあ、シャレが分かるアンちゃんだこと。いやあ、想定外の脱ぎっぷりってホントにいいですねえ。

だから「プラダを着た悪魔」（06）の同性のパワハラにも負けぬ頑張り社員役も目を細めながら応援できたが、今回の「ゲット スマート」（08）での〝99号〟役にはさらにニッコリタンメン。往年のテレビシリーズ『それ行けスマート』（65〜71）の大ファンとしては、二代目スマート＝スティーヴ・カレルの適役ぶり、秘密兵器など本家へのリスペクトが微笑ましいが、確実に本家超えしているのが、この〝99号〟役のアンちゃんだぜ、お立ち会い。

初代のバーバラ・フェルドンももちろんセクシーでステキだったが、この二代目はスマートをとっとと追い越して、逆にリードしっぱなし。そのへんが21世紀バージョンらしさか。特に空中ダイブ・シーンなんかその典型だろう。〝99号〟のロングヘアがなびいて主役のスマートがよく見えない、というトホホなポスター絵柄がまさしく中身を象徴しているではないか。

白いコートにハイヒールというフェミニンないでたちから一転、過激なアクションを難無くこなし、タフな美女ぶりを容赦なく見せつけてくれる。大粒の瞳、キリリと通った鼻筋、ぽってり唇。銃を構える姿もキマリ金時！ 退屈なプリンセス演じているより百倍ヨロシ。

彼女、私生活でも十分タフ。付き合っていた恋人のイタリア人実業家が詐欺及び資金洗浄容疑で逮捕されたが、その直前にしっかり別れて累が及ぶのを避けた（？）というからおリコウさん。やっぱり〝清純派〟は似合わない！ ちなみにアン・ハサウェイの名は、ウィリアム・シェークスピアの妻の名と同じ。そこに小さな野心を感じるのはボクだけか。ともあれ、彼女の〝脱・オードリー作戦成功〟を祝し、俄然ごひいき（ゲンキンな奴っちゃ！）。

034 マニッシュなヒラリーが、フェミニンに変身、ってエロい？

男勝りのヒラリー変身！　といっても、アメリカ民主党の大統領候補争いでオバマ氏に敗れ、２０１６年の大統領選でも、トランプにまさかの敗退。〝持っていない女〟になってしまったクリントン女史のことではない。余談だが〝渋谷語〟では、オバマとはオバさんマニア、ヒラリーとはヒラのサラリーマンのことだそうな。なるへそ。こういうセンス、日頃日本語を乱しているボクとしては嫌いじゃないよ。

もちろん、ヒラリーとは、すでに「ボーイズ・ドント・クライ」（99）の性同一障害の主人公と、「ミリオンダラー・ベイビー」（04）の崖っぷち女性ボクサーで若くしてオスカー・マルチ受賞者でもあるヒラリー・スワンクである。名前がヒラリーのせいか猛女のイメージが強く、彼女がマイ・タイプという男性はさほど多くなかろうが〝濃いオトコ顔美女〟上等のボクは十分イケる。まあ彼女が〝美女〟の範疇に入るか否かは一般的にはビミョーなところだが、ボクの辞書では十分オッケー印！「リーピング」（08）のタンクトップ姿もナイスだったし。

そんな彼女が、髪もパツキンに変え、フェミニンな新魅力醸造に挑んだのが「P．S．アイラヴユー」（07）である。イメチェンといえば「ブラック・ダリア」（06）で淫乱なブルジョワ令嬢を演じたチャレンジは不発だったが、今回はウェルカム。

急死した最愛の夫からなぜか届き続けるカセットに吹き込まれたメッセージ。その真相は？ 夫との出会いの地アイルランドに女友達2人と再訪して意外や意外、という展開が心地よいせいか、彼女の変身にも目を細めてしまった。フェミニンなヒラリーもたまにはいいニャ〜、と。黒や紫の帽子にロング・パツキンがアイルランドの風になびいて、ややゴツいルックスもゆるやかに。劇中のナイスなアイリッシュ・バーで、ジェイムソンでも飲《や》りつつ、口説きたいぜ。失意の日々を引き籠もってベティ・デイヴィスの旧作を観たり、女友達とはしゃいで気を紛らわせるシーン。これまで猛女を演じても、常に哀愁を漂わせてきた彼女だけに、今回は特にいじらしく、下心付きで相談に乗りたいほど。この女友達コンビのリサ・クードロウもジーナ・ガーションもごひいきなので、3人並ぶと目移りしちゃうゾ。特に、リサが演じるのは、カンペキ男を探す時間短縮のため、初対面で「独身?」「ゲイ?」「働いてる?」と質問攻めにし、クリアしたら、まず寝てから考えようタイプなのがオカシイ。

かくて〝ヒラリー・フェミニン作戦〟は、アイルランドの地と女友達コンビの妙にも支えられ大成功！ でも、ややゴツでガテンなヒラリーも捨て難いよ。

035 六十路。〝元ガンジー〟の煩悩と〝ホルテンさん〟の諦念

「秋本さん、ガンジーがエロジーなエレジーですよ」と、配給元の旧知のM君が、自信作のオヤジギャグ込みで「エレジー」（08）を売り込んできたので「オッ、座布団一枚！」とヨイショしつつ、〝ペネロペ完脱ぎ！〟の確証を取り、イソイソ見に行くボクはつくづくチョロいオヤジです。

で〝元ガンジー〟は当然ベン・キングズレー。無抵抗主義の偉人を演じたオスカー役者なのに、私生活では艶福家としてつとに有名で、30歳も年下の美女（ペネロペ・クルス）にイレ込む初老の大学教授役にピッタシ。毎回愛読しております、キネ旬連載の「成田陽子の忘れらないスター」に照らすと、本作が〝実録ベン・キングズレー（サーを付けなきゃダメ？）〟に近いと判る。現実の彼の4番目の妻は31歳年下のブラジル人女優だし、嫉妬深く尊大なのも劇中と同じじゃん。でも、〝無頼派〟を気取るこの主人公を嫌いになれない。白髪交じりの胸毛も肉体も誇示する〝六十路の抵抗〟も理解出来るし、何より女体フェチの部分が同好の士。ペネロペの見事な美豊乳を「芸術品じゃ」と臆面もなく褒めそやす姿はまさにエロジーのエレジー！

彼の煩悩、刎頸《ふんけい》の友デニス・ホッパーの枯淡、長年の愛人パトリシア・クラークソンの葛藤。役者のアンサンブルも見事なり。そこはかとなく登場人物各々から漂う〝死相〟にも魅せられた。

後半の急展開と、主人公の乳フェチぶりは偶然にも邦画「秋深き」（08）に酷似。双方とも好きな作品なので構わないが、〝脱ぎ〟の具体性ではペネロペがサトエリを圧倒していた。

さて、元ガンジーの煩悩と対照的なのは「ホルテンさんのはじめての冒険」（07）の主人公の諦念である。勤続40年の生真面目鉄道運転士の彼が、定年を迎えたから諦念、とギャグってるわけではない。定年の日の〝脱線〟を機に〝小冒険〟に転じていくわけだが、そこでも乾いた笑いとともに一種の諦観を忘れない。その象徴が、道端で知り合った〝目隠しドライブ〟の老人が運転中に心臓発作でポックリ逝ってしまうシーン。助手席のホルテンさん、それも人生、宇宙の法則とでもと思うのか、さして嘆く様子もなく老人の愛犬を自宅に連れ帰る。愁嘆場を断固排除したこの作りに感服した。

胸躍る『世界の車窓から』的シーン。口髭も味わい深く、背筋もシャンとしたボード・オーヴェのクールな熱演。劇中にひょいと出てくるサントリー『響』もウィスキー好きの目を奪った。

036 ヘレン・ハントのタレ目がナイス。割と意外ですか？

次はヘレン・ハントで、と担当のK嬢に伝えたら「割と意外ですねえ」と言われた。そうか、意外か。でも、キネ旬を紐解くと2001年のわが洋画ベスト・ワンはしっかり彼女の主演作「ハート・オブ・ウーマン」（00）だぞ（ちなみに、得点はボクの1位＝10点のみ。思い切り浮きまくり）。

最初に意識したのは「ツイスター」（96）かな。「竜巻がなんぼのもんよ！」とイケイケの観測チームの女性リーダー役。そのサファリルックっぽいラフな服装が濡れて、泥だらけになり豊かなパツキンが乱れる姿は、ウシさんが空中を飛ぶシーンに比肩するぐらい見ものだった。

大ブレーク作「恋愛小説家」（97）ではジャック・ニコルソン演じる偏屈な小説家の目からウロコを落としたウェイトレスねえちゃんでオスカー奪取。ボクはウェイトレス制服に弱い。それも熟美女の場末感覚漂うのが好み。「ぼくの美しい人だから」（90）のスーザン・サランドン、「恋のためらい　フランキーとジョニー」（91）のミシェル・ファイファーと並べてヘレン嬢を〝三大熟美女ウェイトレス女優〟と呼ぼう。

「ペイ・フォワード　可能の王国」（00）ではストリップバーのウェイトレスでご登場。お店の性格上か、珍しく化粧が濃い分、タレ目が強調され、タヌキが青タン食らったみたいでソソられる。ちょうどオジサン人気度一番の女子アナ滝川クリステルみたいに。

そりゃツリ目美人もいいけど、ポヨヨンなタレ目美女も大歓迎。呑むほどに、酔うほどにポンポコ、ポンポコ。彼女の目尻は下がり、ボクの鼻の下は伸びる。キツネもいいけどタヌキもね。子ぎつねヘレンよりタレ目のヘレンだぜ。Oh、今日もタレてる、タレてる、よかった、よかった、とタレ目美女相手に心がさんざめく。わざと怒らせて、柳眉を逆立てたテキを「怒った顔もかわいいぜ」とビンタ覚悟でからかいたい気もするし。

初監督作「いとしい人」（07）は、04年にマル高出産した彼女の心情が正直に伝わるが、個人的には少々受け入れにくい設定もある。それでも心地よいのは、タレ目のヘレン効果と、隠し味に我が永遠のスター〝スティーヴ・マックィーン〟が使われていること。〝私はマックィーンの隠し子？〟と仰天するヒロイン（この話を持ち出すベット・ミドラーが久々にイイ味）のくだりが笑える。彼女の魅力はタレ目だけじゃない。若いころからある目元口元の小じわ、妙に長い首筋、キュッと締まった足首。各々女体パーツ好きを唸らせる。タレ目熟美女にはあの手この手の策を弄してナンボ。だって〝ヘレン手管〟って言うでしょうがに。

037 '09年4、5月は〝B級アクション強化月間〟と勝手に決めた

先日、某パーティで大森一樹監督と久々に会い、1960〜70年代のB級娯楽作の話に花が咲いた。たまたま当日購入したDVD「空から赤いバラ」(67)のラクエル・ウェルチが端緒となり、女優でいえばゲイル・ハニカット、ギラ・ゴランなど、監督ならゴードン・ダグラス、バズ・キューリックなど、ジャンルなら北アフリカ戦線もの、私立探偵ものなど、次から次へと。学生時代からの旧知なので、映画監督と評論家というより、ドク(彼は医大出身)、テツと愛称で呼び合い、一映画ファンに戻っての無邪気な談義となった。

あの頃は良かったのは事実だが、懐古趣味だけは厭《いや》だ。CG過多の〝悪い時代〟21世紀にもそんな〝B級娯楽作〟の匂いを嗅げる現役のシャシンを探そう。

「ザ・バンク　堕ちた巨像」(09)は〝悪の総合企業〟のメガバンクと対決するインターポール捜査官がクライヴ・オーウェン。美術館の螺旋状テラスで続く凄絶な銃撃戦での捜査官と殺し屋との間で生じる奇妙な絆が感動的だ。パッキンのナオミ・ワッツも出ているが、これはオーウェンをオーエンしたい男の映画。腐り切ったカタギ面より真っ当なアウトローこそ、という打ち出しが何より。

一方、「マックス・ペイン」（08）は、家族を殺された刑事の復讐活劇で、「ザ・シューター／極大射程」（07）に続きマーク・ウォールバーグの猿面が頼もしい。女優陣のオルガ・キュリレンコの大柄感はやはり素敵なのに、すぐご退場とは残念だが、同じくウクライナ出身美女ミラ・クニスが後半活躍する。この手の銀幕ねえちゃん探しもお楽しみ。

はたまた、「パニッシャー：ウォー・ゾーン」（08）はマーヴェル・コミック原作だが、レイ・スティーヴンソンの豪快な暴れっぷりがイイ。ヒロインの金髪美女ジュリー・ベンツも「ランボー　最後の戦場」（08）よりナンボかマシ。更に「バビロンA.D.」（08）も近未来アクションだが、ヴィン・ディーゼルの変わらぬタフガイぶりに溜飲が下がり、40代後半でもアクション女優現役のミシェル・ヨー姐御に目を細めた。いずれもCG使用は避けられぬが、生身のアウトローと女優の肉体の質感は損なわれてないのが何より。CGに頼らないのはジャッキー・チェンだが、善良ヒーロー像を捨て、殺しもやる、女も抱くジャッキー版〝仁義なき戦い〟でもある「新宿インシデント」（09）は新鮮だった。

09年4、5月は〝B級娯楽アクション強化月間〟だった。それらの受け皿となる銀座シネパトス、お台場シネマメディアアージュなど劇場の存在も大切にしたかったのに！（現在は、どちらも閉館!!　嗚呼！）

038 ジヒョン対小雪。ノッポ美女バトルはやっぱゾクゾク!

どこぞの演劇学校やアクターズなんたらを出ました、ってな女優より、デルモやミスコン、あるいはキャンペーンガール出身の女優が基本的に好き。洋画の代表例、わがキム観音ベイシンガー菩薩様はミスコン、モデル出身、邦画なら夏目雅子はキャンギャル出身だしね。キネ旬ムック『女優　夏目雅子』で、津川雅彦氏が「ヘタに演劇学校なんて行っとると（女優としての）成長が止まっちゃうもんなんだ」と看破していたっけ。

共にモデル出身の〝二大アジアン・ビューティ激突!〟が売りの「ラスト・ブラッド」（08）のチョン・ジヒョンと小雪もデルモ→TV→映画という正しいプロセス。ノッポ美女フェチとしては、ジヒョン約173センチ、小雪約170センチという高身長が理屈抜きで嬉しい。内容は洋画の「ブレイド」シリーズ（98〜）と似たおなじみ〝鬼退治〟バリエーションだが、両ノッポ美女が宙を舞い、覇を競うだけでめくるめく。ノッポ美女対決の白眉は「キル・ビル」（03）、「キル・ビル2」（04）のユマ・サーマン、ダリル・ハンナの両パツキンにトドメを刺すが、今回いい勝負。

ジヒョン嬢に「猟奇的な彼女」（01）で淫タビューした時、作品に因んで「ボクにもビンタ下さい」と恥も外聞もなく頼んだら（お前はアホか）、日本の評論家ってこんなヘンなの？と首をかしげながらも優しくビンタもどきを下さって、その節は誠に有り難う御座いました。

本作ではセーラー服と日本刀のいでたちのせいか〝少女〟というふれこみなのが不満。彼女、28歳（09年当時）だぞ。三十路手前をつかまえて〝少女〟はなかろうが。そういえば同時期公開「チョコレート・ファイター」（08）のヒロイン〝ジージャー〟も最強美少女呼ばわり。彼女だってすでに25歳（当時）だぞ。少女・美少女に何ら付加価値を見いだせぬ者としては、成人女性の過度な少女・美少女詐称に断固抗議するものである。

一方、マーラ・カルファーニャ大臣（当時）と偶然同じ誕生日の小雪は、やっぱあの鼻がセクシー。正面は正統派和顔なのに、横向きになると〝お化け煙突〟のように印象がガラリ一変、鼻筋の通ったキツい洋顔になり〝オニゲン〟というおどろおどろしい役名にもフィットする。羽衣のような白装束で典雅に舞い、刀を振るう姿にブラボー！　欲を言えば白装束がスパッと斬られ、アンヨなり肩なり背中なりの美肌が一瞬露出するエロいカットが欲しいニャ〜、と注文をするわが目線はやっぱオヤジじゃのお。

039 ローク、マリサ。男（男優）、女（女優）の体も履歴書！

大宅壮一ばりに〝男の顔は履歴書、女の顔は請求書〟と、書いたことがあるが、本当は女の顔も履歴書なのであり、さらに言えば顔だけではなく、体も履歴書なり。伊達《だて》に〝カラダが目当て〟との連載タイトルを付けていないぞ。今後も、男（男優）、女（女優）の体の履歴書を吟味してゆくことを誓いたい。

そんな〝体も履歴書〟宣言にふさわしい映画が「レスラー」（08）である。男は盛りを過ぎた推定五十路プロレスラー、女は旬を過ぎた推定四十路ストリッパー。ともに身ィひとつを観客に晒して必死こいて生きてきた。もう若くない。哀愁の格闘家、黄昏の裸舞姫。かつて川本三郎氏が命名した〝ポンコツ・ヒーロー、ヒロイン〟の形容にピタリの2人に思い入れるのは、ボクも五十路のポンコツだからか。

この作品の成功は、男をミッキー・ロークが、女をマリサ・トメイが演じたからに他ならない。栄光はとうの昔のロークは、若くない体を引きずり、なおも現役にしがみつく中古アスリートの意地と悲惨と恍惚を体現する。テーマ的には古今東西のスポーツ映画の定石だが、ミッキーが演じることにより、彼の映画人生の盛衰がまんまダブってくる。まさしく、男優の体は履歴書なり。当初は知名度の高いニコラス・ケイジで、の話もあったが、監督が頑なにロークに固執したのは正解だ。長年傷つけてきた肉体のポンコツ感は、挫折知らずのケイジでは出せない。ドサ回りの流血・反則技演出の裏側は、先刻承知之介とはいえ興味深い。彼らもまた「ブロンコ・ビリー」(80)の仲間と同じ、疑似家族なのだ。

男たちは意外や意外、相互扶助なのに対し、女は一本どっこ、逞しく生きてきた。女優の体も履歴書なり。シングルマザーでもある場末の熟女ストリッパー役のマリサもまた〝オスカー女優はその後不振説〟を一蹴した。手抜きなしのダンスもフルヌードもあっぱれ。思わず口にドル札咥えて胸の谷間にオヒネリじゃ！〝脱ぎ〟とストリップバーに関してはチィ〜トばかしブイブイ言わせてもろてるボクが言うんだから間違いない！

同じ体温を持つ寄る辺なき魂と肉体の男と女。「なんだ、ババアじゃん」とマリサに難癖つける若い客に、ロークが「ガキども、何てこと言いやがる」とネジこむシーンが感動的。愁嘆場を避け、ストップモーションでスパンと終わる幕切れも納得だ。

受賞は叶わなかったが、ロークにもトメイにも、わが心のオスカーを献じたい。

040 邦画新進女優の〝脱ぎ〟！スカペネからキムシャリへの思いと、

これを書いている手元に、何本かの新作の試写状があり、ニンマリ眺めている。「あの日、欲望の大地で」（08）である。原題〝バーニング・プレイン〟でラインナップされていた頃から〝今年（2009年）一番見たい映画〟であった。理由は簡単。わがキム・ベイシンガー様（敬称略せず）とシャーリーズ・セロンのごひいき女優〝夢の共演〟だもん。もう見る前から勝ったも同然、あとは勝ち方の問題ってなもんや三度笠。今から〝キムシャリ〟一丁、リザーブしやした。

ごひいき女優夢の共演作といえば「それでも恋するバルセロナ」（08）のスカーレット・ジョハンソンとペネロペ・クルス、略称〝スカペネ〟も捨て難いニャ。それにしてもスカ・ジョはウディ・アレン翁作品だと水を得た魚。もう眺めてるだけで飽きないね、って翁も同意見のはず。

今回〝情緒不安定〟ペネロペに対する〝自由奔放・旅の恥はかき捨て〟ヒロインをほとんど地で演じて小気味良いほどのスカ・ジョだもの。2人の赤い気炎、黄色い嬌声が絡み合い、もっちもちサックサク状態で、たまんないね。その間に入るハビエル・バルデムも「ノーカントリー」（07）の時よりもイイ（なんて言うのはボクだけか）。何せ、レベッカ・ホールも加えてタイプの違う3美女を次々と〝他人丼〟。役の上とはいえ羨ましい。一人こっちに回せや。

毎度ごひいき筋、お馴染みさんの〝洋もの〟もいいけど〝最近イイコ入った？〟気分も大切に、と〝和もの〟でコナかけてみたのが「刺青　匂ひ月のごとく」（09）の井村空美嬢。また刺青かよ、って言われそうだが、ガキの頃見た若尾文子の「刺青」（66）の刷り込み根強く、お許しあれ。谷崎原作をモチーフに現代版アレンジというアートポート（いまはなき）配給の連作は興味深い。お題〝刺青〟頂きました、を守れば、自由な発想でアプローチ可能、新鋭監督、新進女優の登竜門になれば、と願う。以前、川島令美主演「刺青　堕ちた女郎蜘蛛」（06）は好きなシャシンだったし、井上美琴主演「刺青　背負う女」（09）もイイ話だった。

シリーズのお約束シーン、彫り上がった背中一面の見事な刺青披露で〝鳳凰〟の絵も誇らしげな空美嬢の見事な脱ぎっぷり。所属のホリプロは、ひと昔前の「愛の新世界」（94）の鈴木砂羽、最近の「シルク」（07）の芦名星など、大手にもかかわらず新進女優の〝脱ぎ〟に寛容なのが偉い。「若いときの〝脱ぎ〟は買ってでもせよ！」という社是があるのだろうか（まさか）。

041 邦に魚食系男子の婚活あれば、洋に肉食系姉妹の就活あり！

先日、ワレ新橋ニテ痛飲ノ果テ転倒シ、前歯一本欠損、足ヲ激シク打撲ス……「ブリット」（68）のラストのマックィーンのように鏡を見ると、元々不自由な顔が歯抜けでよけい不自由に。己が姿にガマの油のガマの如くタラリ冷や汗、情けねえ。一瞬、市川崑監督のように煙草でも挟むのもオツ、と思ったが、20世紀とともにモクとオサラバした自分に気付いた。

とんだ暗転となったあの新橋の夜も魚・肉・酒を鯨飲馬食、意気軒昂だった。最近、草食系男子、肉食系女子という形容も流行《はや》って久しいが、ボクは〝雑食系中年〟ってトコ。もっともこの分類は食の傾向ではなく、男女間の恋愛主導権についてだとか。そんな中〝魚食系男子〟という謳い文句が秀逸なのが、独身漁師・万造の婚活（これも最近の流行語）を描いた「不灯港」（09）。ダメ男の奮闘テーマと乾いた笑いにアキ・カウリスマキ映画との共通項を見る思い。勘違いなダンディズムを気取っても、肝心な部分は凡百の脆弱な草食系男子と五十歩百歩の主人公を、内藤隆嗣監督は愛を込めてシビアに描く。演じる小手伸也の牡熊ルックス、猪突キャラは今の時代、逆に新鮮かも知れない、というささやかな希望とともに。

ボクが愛してやまない「ノン子36歳（家事手伝い）」（08）と呼応するかのような〝万造38歳

〝魚食系男子〟であった。

古人曰く、人間到る所青山あり。邦画に魚食系男子の婚活あれば、洋画に肉食系姉妹の就活あり。「サンシャイン・クリーニング」（08）は「リトル・ミス・サンシャイン」（06）の製作チームによる〝サンシャイン〟シリーズ（？）第2弾。アラン・アーキンの助演は共通点だが、もちちろん、お話的に関係はない。

姉は学生時代の花形チアリーダーだった輝きが失せたドロドロ不倫中の三十路シングルマザー。妹はバイト先でもすぐブチ切れて長続きしないパラサイト。いかにも攻撃的・肉食系のぶきっちょ姉妹が、事件現場の清掃修復業に就活、人生に活路を求める。人の死の直後を扱う〝汚れ仕事〟といえば、邦画「おくりびと」（08）の記憶が新しい。こちらはさしずめ〝そうじびと〟か。今年は同職業を扱ったサミュエル・L・ジャクソン主演のサスペンス「ザ・クリーナー　消された殺人」（07）も面白かったが、プチ・ブームなのかな。

このダメダメ姉妹を演じるエイミー・アダムス、エミリー・ブラントはなかなかナイス。そのダサいツナギ姿やタンクトップがエロくて〝ガテン美女フェチ〟のボクを俄然泡立たせるね。あわよくば〝姉妹丼〟の下心付きでエールを送っちゃお！

042 〟ハチ公〟に涙腺条件反射。お前はパブロフの犬か？ ワン！

今回は画期的!? メーンは男でも女でもない。無論、アニメや人形でもない。ちゃんと有機体だ。それはイヌ、犬、いぬ、狗、ワン公。「HACHI 約束の犬」（08）である。ハチ公って雄だよね、最近のCMでもやたら犬が人間の男的に扱われる時代だから。

実は、映画を見て泣いた記憶がほとんどない。その数少ない例外が「ハチ公物語」（87）。元々〟犬もの〟に弱い。ついでに〟狼もの〟にも弱い。ガキの頃「狼王ロボ」（62）やTV『名犬ロンドン物語』（63、乞うDVD化）に感動して以来トンコロに弱い。2008年5月に公開された「ミーシャ ホロコーストと白い狼」（07）でも凄絶な旅を続ける少女より、あの白い狼の悲痛な末路に泣けたっけ。ワォ～ン！ で、ハリウッド版〟ハチ公〟はストーリーの置換が巧みだ。愛犬家であり、「マイ・ライフ・アズ・ア・ドッグ」（85）のラッセ・ハルストレム監督だけあって犬の気持ちと視点（の映像）が伝わる好演出だった。

聡明なハチは当然飼い主の死を感づいていた、と思う。〟忠犬〟というより、彼なりの自己の確立、一生の仕事として駅頭に立ち続けていたと解釈したい。感涙度は邦画の〟ハチ公〟のほうが上だが、アメリカ版の長所を挙げると、まずベッドリッジの駅舎のたたずまいだ。

邦画版の渋谷驛よりイイぐらい。駅前ロータリーの植え込みのレンガに首をチョコンと乗っけて待つハチの姿がたまらない。10年ぶりに墓参のため駅頭に降りた未亡人が、ハチの姿を目に止め、抱き締めて詫びるシーンで、やっぱ涙腺条件反射！　お前はパブロフの犬か？ワン！　涙でスクリーンが見えません……。飼い主をリチャード・ギアが演じているのも邦画版の仲代達矢よりハマる。ギアの風貌がどこかコリー犬っぽいせいか、ハチとのツーショットが絵になる。犬と犬とがじゃれ合ってるみたいで微笑ましい。脇役では日系俳優で一番ごひいきのケイリー＝ヒロユキ・タガワが、珍しく善い役で渋い味を出していた。

すでに他界したが、ボクは駄猫2匹飼っていた。とはいえ、性格は犬っぽいと自己分析している。同じトコを行き来するのが好きだし、お使いも好きだし、鼻は利くほうだし、ハイヒール好きだし！　ただし、忠誠心希薄、寒いトコ苦手。もし、犬に転生したら、絶対、南国極楽犬になるっ。もう背中にサンオイルのタンク担いでオイル犬（バター犬じゃないよ）。リゾート地のビーチをチョコマカ、パツキン・ビキニ美女の全身に下心込めて、必殺肉球塗りじゃ！

043 〝ベッソンはキャバで指名がカチ合うタイプ〟の前言を翻す！

〝リュック・ベッソンはキャバクラで指名がカチ合うタイプ〟と『004』に前記したが、前言を翻したい。

確かに、その当時「アンジェラ」（05）のヘヴィ喫煙&食欲旺盛天使リー・ラスムッセン、「トランスポーター2」（05）の豪銃ブッ放しエロケバ女殺し屋ケイト・ノタという身長180センチ級ノッポ美女を、己の監督・脚本、または製作・脚本作に登場させ、ボクを欣喜雀躍させてくれた。よって、つい同好の士と思い込んだが、同氏製作・脚本作2本「トランスポーター3　アンリミテッド」（08）、「96時間」（08）を見て、ハハ〜ン、コ奴の女の趣味はこっちが本音だな、と軌道修正するに至った。

まず「トラスポ3」で〝危険な赤いモノ〟のナターリア・ルダコワ。ウクライナ女なのは好材料としても、オルガ・キュリレンコと違って小柄感が漂い、ルックスも西川史子のNG程度。おまけにソバカスだらけなのも少女感が匂う。往年の「雨の訪問者」（69）のマルレーヌ・ジョベールとかも苦手だったしね。

一方「96時間」でリーアム・ニーソン扮する父親が〝エッフェル塔を破壊しても守りたい〟

ほどの愛娘を演じるマギー・グレイスはどうか。役名がキムなので、ついキム・ベイシンガー様を思い出して襟を正してしまうが、所詮はそんじょそこらのお嬢様の域を出ない。人身売買組織に攫《さら》われオークションされるのだが、値段がワンランク上なのはバージンだから、という設定に共同脚本ベッソンの〝お里が知れる〟ってもんよ。そういえば「WASABI」(01)で広末涼子にイレ上げていたっけ。

　ボクが人身売買組織幹部なら、マギーの次に攫われそうになる北欧風大柄パッキン美女(女優名すら分からんが)に高値を付けたい。いや、そもそもニーソンの元妻役で登場のごひいきファムケ・ヤンセンに狙いを付けて攫うね。元悪女ボンドガールの最高峰であり、現在四十路半ばの美熟女サマよ。ワシが買《こ》おたる、ナンボでも買おたる!

　そんなファムケ様も娘の身を案じて後方でオロオロじゃあ役不足もいいとこ。ボクなら、彼女を人身売買組織の黒幕あたりにして最後までニーソンを震撼たらしめる設定にするけどなあ。

　と、ベッソン映画2本の批判のように見えるが、映画全体としては派手なドンパチと面構え頼もしき主人公の容赦なき突進力が快感の見事な快作、なので誤解なきように。ただ、女優に異常にこだわれば……なだけである。そして〝ベッソンは、キャバクラで指名がカチ合わないタイプ〟と訂正しただけである。

044 今年筆頭はアリス・イヴ嬢か。新進女優ちゃんいらっしゃい！

「いいコ、入った？」とキャバクラ気分で試写室通い。新進女優ちゃん漁《あさ》りはやめられまへんなあ。恥ずかしげもなく2008年のベスト・テンに入れたB級スリラー「P2」（07）で〝場内指名〟したパツキン美女レイチェル・ニコルズなんざ、今夏は超大作「G.I.ジョー」（09）で大出世だもの、ボクはジャーマネ気分で、マンモスうれピー！って言うと昨今不謹慎だから、三橋美智也気分で歌っちゃうぞ、♪藁にまみれてよ〜、育てたパツキン。で、飽きもせず、新進女優ちゃんいらっしゃい、と投網《とあみ》をかけるってえと……B級ホラーボか、「30デイズ・ナイト」（07）のメリッサ・ジョージ嬢は「地獄の変異」（05）のパイパー・ペラーボか、「007／リビング・デイライツ」（87）のマリアム・ダボあたりにチョイ似のパツキン美女やんけ。やや目クマ気味の垂れ目や半開きの唇がエロくて、絶叫ヒロインにもぴったんこ。オイラは暗黒極寒バンパイアに変身し彼女をガブりんちょ！

さらに掘り出し物めっけ。ハリソン・フォード主演の「正義のゆくえ　I.C.E.特別捜査官」（09）で、ハリウッド女優を夢見て米国に不法入国した豪州娘を演じる女優アリス・イヴ嬢は、前年のレイチェル級の逸材と見たね。自動車事故をきっかけに知り合った移民判定官に、捏造申請書類を許可させる代価として2カ月間〝体で払え〟と古典的に持ちかけられる。言うほうのレイ・リオッタもこの手の職権濫用破廉恥男を演じると天下一品だけど、言われるほうのイヴ嬢も人身御供《ひとみごくう》という悲愴感はあまりなく「ま、しゃ〜ないっか」ってあっけらかんさが、逸品、絶品、デラべっぴん！　これって、ハリウッド行きの〝渡るべき多くの河〟のひとつよね、と彼女も自分に因果を含めたはず。最後まで不撓不屈の彼女にエールを。

無名女優の辛酸で同じ豪州人といえば苦節ン年女優主演の疑似ドキュメントの珍品「ナオミ・ワッツ　プレイズ　エリー・パーカー」（05）に詳しい。アンドロイドが電気羊の夢を見るかのように、無名の豪州女優はニコール・キッドマンやナオミの夢を見るのか。

ナオミの「〜エリー・パーカー」での脱ぎっぷりに負けじと、イヴ嬢もすっぽんぽんなんざ平気の平左。卑劣な割には小物感漂うリオッタに比べ、真正面からド〜ンの全裸が、眩いパツキンに映えて誇らしげ。何せ名前からして大物感、姓はイヴ、名はアリスだもの。禁断の園を通り、不思議の国へと足を踏み入れるに相応しい名前ではないか。09年筆頭新進女優ちゃん、アリス・イヴちゃん。らっしゃい！

045 肩フェチの秋はキャサリン、ローナ、サンドラにガブリ寄り！

秋は〝肩フェチ〟秋本の秋。天高く肩肥える秋を迎え、充実肩幅女優のお通りだい。たわわなショルダーの実りは、なまじの美巨乳より垂涎のゴチソウ！

最初の美肩は「男と女の不都合な真実」（09）で肩幅、ポニーテール、ポッテリ淫唇で魅せるキャサリン・ヘイグル。ちょっと高嶺のTVウーマン役ながら、どこかポヨヨンな無防備感がいいニャ〜。そういえば「無ケーカクの命中男／ノックトアップ」（07）でC調男（表現、古っ！）と酔った勢いでベッドインするTVキャスター役だったしね。今回も、悪い夢の中で落ち目の姿を想像し〝ヌードのお天気ねえさん〟姿になったり、バイブ・パンティ（！）に挑んだり、エッチで気のいいパツキン美女のコメディエンヌぶりに高得点じゃ。かつて「暴走特急」（95）でセガール御大の娘を演じたが、十数年寝かせた甲斐アリ。キャサリンの霜降り肩にガブリ寄り！

美肩といえば〝女戦士もの〟の必須なり。快作「ドゥームズデイ」（08）で大暴れするローナ・ミトラの濃紺タンクトップ戦闘服からニョキニョキ発達した肩幅、二の腕、胸板、肩甲骨が圧倒的。うひょ、こんなに育っちゃって。〝ゴツいってエロい！〟と唸ったのはボクだけか。2009年世界陸上でまさかの敗退、泣き崩れた美女選手エレーナ・イシンバエワの極・鍛肩もエロかったが、ミトラの肩もミトれちゃうぞ。さすが「アンダーワールド：ビギンズ」(09)で、運動オンチの〝先代〟ケイト・ベッキンセールとの肉体の格の違いを誇示しただけのことはあるわい。汗で塩味効いたローナの極上カルビ肩をガブリ！

さて、長年ご愛顧の肩幅の一人にサンドラ・ブロックがいる。何たって「デンジャラス・ビューティー」(00)でベンジャミン・ブラット相手に格闘技訓練する際で見せたタンクトップの充実肩がエロいのなんの。「あなたは私の婿になる」(09)で「プラダを着た悪魔」(06)のメリル・ストリープのように、出社時、社員間で警戒警報が出るほどの鬼上司を演じても、彼女ならウェルカム。パツキンでもなく、超美人とも言えないサンドラ姐を密かに愛し続ける理由はその魅惑の肩ゆえ。今回、美肩だけでなく、おマヌケな全裸シーンまで披露して下さって、脱衣！否、脱帽です。もうサンドラならぬショルダーブロック！と叫びながら、横四方固めして、その中トロ肩にガブリ寄り。

脂が乗った秋刀魚もいいけど、秋はショルダーの秋！黒板メニュー「キャサリン、ローナ、サンドラ、三十路・四十路美肩三点盛り」で食欲の秋。はい、喜んで！(お前はやるき茶屋か)

046 メーンディッシュ〝キム・シャリ〟の前菜はベーコン！

ボクの辞書にはこう記されている。

ぱつきん【パッキン】女性名詞。特に欧米女優を指す。金髪男優等をパッキンと呼ぶのは誤用。その数頁戻ると、ぬぎ【脱ぎ】女性・女優に限定したい崇高かつ魅惑的な行為。

とあるのだが、〝脱ぎ魔〟は男優にもいて、風紀が乱れて仕方がない。往年ではバート・レイノルズ、ハーヴェイ・カイテルあたりか。バリバリ現役ではケヴィン・ベーコンが「インビジブル」（00）など毎度脱ぎたがり。「狼の死刑宣告」（07）でもしっかり全裸シャワーがありやんの。

目には目を、の復讐に走るベーコンの細面な横顔が一瞬「グラン・トリノ」（08）のイーストウッドにダブっただけでも掘り出し物。確かに姉妹篇のような〝自警主義映画〟ではある。決着の付け方などはだいぶ違うけどさ。四半世紀後、万が一「グラン・トリノ」をリメークするならベーコンでどや。「ミスティック・リバー」（04）の〝師弟〟でもあり、相応しいと思うのだが。

ジェームズ・ワン監督の寓意と取れるのが、極道息子を抱え、「俺も父親だから解るぜ」

とうそぶく闇武器屋ジョン・グッドマンとベーコンとの奇妙な交流。あり得ないやりとりも妙に得心した。

予想以上に楽しめたベーコン主演作だったが、2009年のメーンディッシュ〝キム・シャリ〟映画「あの日、欲望の大地で」(08)の前にはしょせんは前菜、刺身のツマ。

あちらは父と息子テーマに対して、こちらは母と娘。〝母の因果が娘に報い〟みたいなドロドロ話だが、キム・ベイシンガー様、シャーリーズ・セロン様という全ての女優が越えられない麗しき牙城のワンツーが演じると、どこか華やか、かなりゴージャス。いやあ、銀シャリも旨いが、〝キム・シャリ(キムチごはんの略称じゃないよ)〟はもっと味わい深い。おかわり、ってんで試写2度見ちゃったぞ。

冒頭から〝脱ぎ脱ぎシャーリーズ〟の本領発揮。けだるい情事の後の貪婪《どんらん》な裸体がたまらん。キム様も負けじと演じ、乳がん手術後の痛々しい真一文字の傷痕の胸をあらわに。曰く、女の〝傷〟と〝裸身〟は履歴書なり。

極秘:神聖キム・ベイシンガー帝国シャーリーズ・セロン連立政権国家戦略局より大臣命令。アノヒヨクボウノダイチデヲイチイニオスベシ。えっ、「グラン・トリノ」を差し置いて、ですか。サー・イエッサー! ちなみに「グラン・トリノ」はキネ旬ベスト・ワン。「あの日、欲望の大地で」は43位でした。

047 女優配役は映画のイノチ、又は女優になりふり構わぬ覚悟を！

〝人形は顔が命〟〝芸能人は歯が命〟なんてCMもありましたなあ。そこで〝女優配役は映画のイノチ〟と付け加えたい。

早い話、2009年のベスト・ワン映画確定の「あの日、欲望の大地で」（08）は〝キム・シャリ〟様が演じてるからいいのであって、これが同じオスカー女優でパッキンだろ、ってんでメリル・ストリープとグウィネス・パルトロウを配したとしたら、興醒め必至、ワシャ帰るゾ。

例えば「わたし出すわ」（09）だって、ヒロインを普通女子より一等身抜けているような高身長・小雪が演じたからこそ、成金の厭味《いやみ》にもならず、一種のファンタジーとして成立する。一見お金の話のようで、実は〝分相応〟と〝小さな奇跡〟をキチンと伝えたのは〝小雪効果〟と呼ぼう。

当初、森田芳光監督で、この題名で、小雪主演なら、さすらいの美人パチプロがホールを次々と荒らし、わたし出すわ……さて、その目的とは？　と勝手に妄想したっけ。だって、すでに故人の森田監督は某スポーツ紙パチ欄に連載していたほどのパチ好きだもの。監督ゥ、小雪の謎の美人パチプロ映画も見たいス。企画が安易で却下、ですかね。

配役した女優が、なりふり構わぬほど熱演、狂演、珍演してくれるほど嬉しいものはない。たとえば「アドレナリン：ハイ・ボルテージ」（09）のエイミー・スマート嬢。もはやシリーズ名物化の〝ジェイソンとの公衆面前エッチ〟も2度目ともなれば覚悟も上等ヨ。今度は何とハリウッドパーク競馬場のターフ上で開陳とござい。競馬ファンのボクは拍手喝采、欣喜雀躍！　女優の羞恥心捨てたこの蛮勇に意味あるの～と問われたら「〝エッ意味ー〟って私の名前にもちゃんと意味があるし～」と煙に巻こうね、エイミーちゃん。

あるいは「スペル」（09）で、ほとんど逆恨みのように怪婆に復讐される受難の女性銀行員を珍・狂・大熱演したアリソン・ローマン嬢もあっぱれ。やはり野に置けサム・ライミってんで、この手のゲロゲロ・ショッカーは昔取った杵柄、腕に年は取らせないね。とことん〝パツキン美人責め〟の中、絶叫涙目のヒロインを容赦なく汚物まみれのズタボロに、果ては口あんぐりのフィスト攻撃だもの。アリソンならぬ〝有り損〟状態だが、損して得取れ、アリソンちゃん。

親に貰った大事なパツキン振り乱し、エイミー、アリソン両嬢のなりふり構わぬ覚悟こそ明日の大女優への血肉となる！

048 長宗我部陽子の薄幸オーラ、あるいは、ゼタ姐の骨格エロス！

イタリア映画があまり注目されなくなった一因は〝女優〟か。

２００９年の東京国際映画祭で観た「テン・ウィンターズ」（09）は、イタリア版「恋人たちの予感」（89）って感じ。「副王家の一族」（07）もアナザー「山猫」（63）の風情アリ。共に好篇だが〝女優で映画を観る〟ボクには、前者のイザベッラ・ラゴネーゼも、後者のクリスティーナ・カポトンディも地味感漂いすぎ。往年のクラウディア・カルディナーレ、オルネッラ・ムーティなどが若手女優時代に発散したケバくて、エロくて、生命力あふれるオーラが希薄なのが残念だ。伊映画の再興にはそんな〝濃いめ〟のイタリア女優の拡充こそ急務なり。

その点、地味感漂っても効果的なのが「行旅死亡人」（09）で〝身元を隠して生きてきた女〟を演じた長宗我部陽子。その丸顔に、木村多江もかくやの三面記事が似合いそうな薄幸オーラを漂わせる。名前が派手な割には活躍が地味なところが愛しい彼女、以前は〝長曽我部蓉子〟だったが、生まれ変わったつもりの改名か。その偽名性もまたエロチックで、映画自体を体現している。若いヒロインの藤堂海、阿久沢麗加による素人探偵バディムービー調も心地よく、中盤まではゾクゾクする面白さだが〝身代わり殺人〟の後半が杜撰《ずさん》で腰が砕けた。とはいえ、井土紀州監督には〝重いエンタテインメント〟をさらに。女優の使い方には全く文句ありません！

三面記事ネタではなく、女性誌ネタっぽい〝クーガー女（草食系年下男子を喰う）〟を扱うのが「理想の彼氏」（09）。あのいかにも食欲性欲旺盛なキャサリン・ゼタ＝ジョーンズが演じるだけでズバリ。「セックス・アンド・ザ・シティ」（08）のキム・キャトラルも「あなたは私の婿になる」（09）のサンドラ・ブロックも凌駕する貫祿に〝最強のクーガー女〟の称号を！

それにしても、私生活でパパラッチされると単なる弛んだオバハン体型なのに、映画では見事に体を絞って魅せるゼタ姐の女優魂に脱帽。劇中、デート相手の医師に「君、いい骨格してるね」と褒められるシーンにニンマリ。そう、骨粗鬆症《こつそしょうしょう》とは無縁のガッツリとした骨格ってエロいんだぞ。オナゴは品格よりも骨格だぁ。そんなゼタ姐のタンクトップのエクササイズ姿にクーガー女のエロスを見た！

ゼタ姐は存在自体がエロい。〝セックス中毒〟の年上旦那マイケル・ダグラスを巧みに取り扱っているし、半開きの口の表情が一瞬、往年の〝ロマンポルノの女王〟白川和子に似てたりするし。おまけに、ほら、名前にも〝キャサリン・ゼ多情ンズ〟って〝多情〟が入ってるし！

049 伊のピッチニーニ、日本の礼子様。イイ女に国境はないっ！

晩秋（2009年）の女子バレーボール・グラチャンの興味一点集中は、イタリアの美人エースアタッカー、フランチェスカ・ピッチニーニ。クラウディア・カルディナーレにも似た語感もイイやんけ。一時、地元の飲み屋のボトルに写真貼っていたほど（アホ）長年のごひいき。身長185センチのパツキン摩天楼、旬のジャスト三十路というのは理想に近いね。オフはモデル業も忙しい。彫りの深い「黄金の七人」（65）のロッサナ・ポデスタ級の美貌にポニーテールのパツキンが映え、殺人スパイクを見事にキメた時の氷の微笑がタマランチ会長。対日本戦の中継では真剣にイタリア、否、ピッチニーニを応援して（見事優勝）、カミさんに〝非国民〟呼ばわりされたっけ。

と、やや長いマクラを振り、てっきり今回はパツキン、と匂わせておいて〝和もの〟にする天の邪鬼。日本のごひいき女優も当コラムで網羅済み、と思いきや「肝心な人を忘れてねえかい」と讃岐代参の森の石松のように突っ掛かるもう一人の自分。そうだ、かの高島礼子様がまだ！

どれくらい礼子好きかってえと、アイスコーヒー頼む時も、「冷コー（礼子）ちょうだい」

って言うくらい……し〜ん。これ、関西だと受けるんだけどね。しまった、しまった、島倉千代子。困った、困った、こまどり姉妹。これも関西ネタか。お江戸なら、恐れ入谷の鬼子母神、びっくり下谷の広徳寺ってとこ。

礼子様を見過ごしていたのは、堂々の主演作が近年皆無状態だったから、と言い訳をしておこう。久々の主演作「Ｄｅａｒ Ｈｅａｒｔ 震えて眠れ」（09）はサイコ・サスペンスだし、初主演作「さまよえる脳髄」（93）を想起する。副題も往年のアルドリッチのスリラーみたいだし。

殺人鬼の心臓を移植された夫……物静かな顔から別人格の狂気の貌に変幻する榎木孝明が結構ブキミで、ジワジワと追いつめられる妻・礼子様の運命やいかに！ 最近助演ばかりで不満だったが、やっぱ礼子様は主役の顔さ。87分、見惚《みと》れっぱなし。できれば彼女に毒婦の心臓が移植され別人格に、という話の方が見たかったけど。それにしても、しみじみイイ女だねえ。ボクは彼女の菩薩顔が夜叉顔になる瞬間（その逆も）が好き。以前、淫タビューした時「『さまよえる脳髄』は糧にしています。できればリメークしたいほど」と言っていたっけ。近い将来、見たいね。高島礼子再び主演「新・さまよえる脳髄」！

イタリア代表・ピッチニーニ（女優じゃないけど）、日本代表・高島礼子様。身長差はあっても、イイ女に国境はないっ！

050 日本版ラジー賞女優を勝手に決定し、「牛の鈴音」で行く年！

もし、日本にラジー賞があったら、2009年主演女優賞は長澤まさみ嬢かな。対象作は「群青　愛が沈んだ海の色」（09）と「曲がれ！スプーン」（09）。勇躍授賞式に登場した彼女が、本家のハリー・ベリーの如く「今後は作品を選びます（笑）」とコメントしてくれることを夢想したりして。2本とも、見てて久々に呆れるほど。前者のどこに官能と刺激を感じろというのか、後者のどこに笑いと風刺を求めろというのか。好素材＝長澤まさみをぬるま湯に浸けたままではふやけそう。途中腰砕けしたとはいえ、TVドラマ『ラスト・フレンズ』（08）のほうがまだ〝冒険〟している。舞台では、最近の『キャバレー』に大注目！　目指せ、長澤まさみ改造計画。

かつて増村保造が若尾文子をシゴいたように、深作欣二が松坂慶子を鍛えたように、長澤嬢にオニ特訓を課する鬼才はいないのか。例えば増村×若尾の傑作「赤い天使」（66）のリメイクを彼女でやるとか。長澤嬢も日本のラテン系＝静岡女の血を開花させて欲しい。彼女、乳飲料のCMでウシさんのカゲの声をやって、ミョーに似合っていて好きだった。ウシ系美女に愛着ひとしおだけに、長澤嬢にもっと脱皮を促す役を、作品を！

ウシといえば、09年は丑年であった。その掉尾を飾るに相応しいのが韓国のドキュメント映画「牛の鈴音」(08)。カミさんの実家が少し前まで乳牛の飼育をしていたので、牛には愛着がある。

農村の老牝牛と寡黙なジイさんとの長年の濃密な関係に、連れ合いの口うるさい老妻が明らかに嫉妬してるのが微笑ましい。市場で売っちゃいな、と言われ、わざと法外な値を付け、誰も買わぬから連れて帰る、というジイさんの〝高等戦術〟が素敵だ。自分の存在を脅かすやも知れぬ若牛とも仲良く並んで草を食み、じゃれ合ったりする老牝牛。牛は語らず、ただ達観するのみ。やがて、静かに天寿を全うする時の感謝の仕草に〝鉄の目にも涙〟なり。春に公開された「食客」(07)で、食肉にされる愛牛がこちらを振り返るの図でも泣かされたっけ。今年は〝牛映画〟の当たり年か。「牛の鈴音」で行く年、来る年もオツなもの。

さて、丑年の次は寅年。虎といえばタイガー・ウッズ。09年末に艶聞を盛大に振り撒いてくれた。好青年イメージ丸つぶれの愛人・不倫騒動だが、ボクとしてはタイガーが意外や意外パッキン好きってことが判明して妙に親近感。夕刊紙には「彼の父も金髪好きのDNA」と書かれてやんの。我が家と同じじゃん、と嬉し恥ずかし。この際タイガー、千昌夫、黄泉の国からヒッチコックも呼んで、不肖・秋本司会でパッキン談義と洒落込もう。それがボクの初夢です。

051 還暦を前に〝復帰〟とはめでたい。キャメっちがお祝い？

連載時に少々インターバルがあったのだが、不在中も女優品定めに精を出し、大柄美女なら「アリス・クリードの失踪」（09）のジェマ・アータートン（いいお背中様）、「バトルシップ」（12）のブルックリン・デッカー（名の通り、デッカーっ、身長175センチ！）、ビッチ系パツキンなら「ザ・ウォード　監禁病棟」（10）のアンバー・ハード、「キリング・ショット」（11）のマリン・アッカーマンが特定銘柄かな。相変わらず〝デカい・ケバい・ツオい・エロい〟の好きだね。

さて、復帰祝いは、教育熱意ゼロ、玉の輿イノチのトンデモ女教師を描く「バッド・ティーチャー」（11）のキャメロン・ディアスちゃんちゃこりんで飾ろう。やっぱキャメっちのお下劣コメディーは、年一本は観たい気分。ラブ・コメ女王はあまたいるが、キャメっちほどアケスケが似合う女優はいないね。冒頭、婚約者と玄関開けたら即エッチとばかりに「硬くしといてね。すぐしゃぶってあげるから」と大声を張り上げたり、いじめられ生徒に激励のため脱ぎたてのケバいブラジャーをあげたら、傍らの体育教師から「僕はパンティーが欲しいね」と言われて、「アラ残念。パンティは元々穿《は》いてないのヨ」と切り返す。お下劣でも爽快・

痛快なのが彼女のキャラの真骨頂だろう。

実際の元カレ、元ヤンキースの主砲アレックス・ロドリゲスが先日、「C・D（彼女の略）は最も偉大なオンナだった」と絶賛。元カレにここまで言わせるって素晴らしすぎる。がぜん惚れ直したね。

清純派・正統派より〝欠陥乱調美女〟が相変わらず好き。邦画「レンタネコ」（12）の市川実日子もステキだった。何年か前、ヨコハマ映画祭で阪本順治監督と彼女を交えて話した時に、監督曰く「彼女は人相がイイ」と。ルックスではなく人相とは、言い得て妙。本作のネコをレンタルする挿話はさほど面白味がないのだが、河原でリヤカーに猫を乗せて引っ張り、石焼き芋売りの口調で「レンタ〜ネコ」とガナる風情、生計が謎めく独り暮らしの佇まいが、彼女の人相と相俟って何ともいえぬ味わい。

実は2017年5月下旬で前期高齢者（ヤな言葉だね）なのだが、軽佻浮薄さは一生直らんね。最近の尊敬する人は「高田純次」だし。おっと、ドン引きしないで。またしばらく、よろしく。

052 ガテンすっぴん、ゴム長靴のスカ・ジョに燃えるぜ！

「パッキンのこと語る時の秋本さんって、本当に嬉しそうですよね」……ボクがレギュラー出演させて頂いていたJ‐WAVE『東京コンシェルジュ』のMC、八木亜希子さんに収録中、しみじみと言われたっけ。う〜む、そんなにニヤけた顔で喋っていたのか？　照れるぜ。

と、マクラに振ったからには当然パッキンでGO！

ヨハンソンではなく、横須賀女子大（そんなのネーよ）みたいな響きが気に入っている略称〝スカ・ジョ〟ことスカーレット・ジョハンソン。子役時代はイマイチ、〝醜いアヒルの子〟よろしく、大人になるにつけ、どパッキン美女に変身して久しい。ウディ・アレン翁などを手玉に取る〝ジジ殺し〟だし、結婚した（わが予想通り3年で離婚！）格下男優ライアン・レイノルズ君がその後ブレークした〝あげまん〟だし、映画では、見せそうで見せなかったおっぱいも自画撮りした全裸写メがあっさりおマヌケ流出し（東スポで見た。張りがあり、乳輪ほんのり、乳首はんなり美乳、ありゃエエ）、話題に事欠かないネ。

そんな彼女が珍しく化粧っ気ゼロで動物園飼育員に扮したのが「幸せへのキセキ」（11）だ。

破綻寸前のローカル動物園を行きがかり上、背負わされた男（マット・デイモン）の再生物語でもある佳篇だが、このガテンすっぴんなスカ・ジョにソソられる。日頃、エロいのケバいの好きなのに何故？　と言われそうだが、ヘッヘッへ、ボクは〝ガテン美女フェチ〟でもあるのだ。知ってる人は知っている。知らない人は覚えてね。ドレスや晴れ着よりも、ガテンな仕事着が好き。顔に泥や油が少し付いてりゃ、それがお化粧代わりでなおヨシ。

だから、いかにも色気なさそうなツナギ風の飼育員衣裳に、ゴム長靴をはいた猫ならぬスカ・ジョに燃え（萌えに非ず）るのも当然。わが内なるケダモノも飼育してチョ〜。喜んで前シッポ振っちゃうよ。〝基本エロケバ・時々ガテン〟こそスカ・ジョ路線の王道と見つけたり。

さて、まだこれからのパツキンを掘り出せば、「ベルフラワー」（11）の正・準ヒロイン、ジェシー・ワイズマンとレベッカ・ブランデスは共にズベ公・ヤサグレ感漂い、美人度・中、脱ぎっぷり・上なのが、いかにも納得。映画自体が往年のアメリカン・ニューシネマを彷彿させ、彼女たちもまた「ダーティ・メリー／クレイジー・ラリー」（74）のスーザン・ジョージ的に罪作りなビッチ・パツキンの末裔だ。

有名・無名問わず、時代を超え、今月も元気だ、パツキンが旨い！　生きてる実感湧くなあ。

053 パツキンも大事だけど、やっぱ嘉門洋子はいいなあ！

『051』の末尾に、最近の尊敬する人「高田純次」と記した。では、女性で対をなすのは……やっぱ「岡本夏生」かな。年齢詐称を繰り返し（現在自称51歳！）、業界から何度干されても復活したが、ついに悪運尽きたか、現在TV局ところ払いの身だが、ハイレグ一丁で数億円稼いだしね。普通にしてりゃ美人なのに、顔面崩壊ワザや騒音気味のハイテンション芸に毎度ヒヤヒヤするが、ボクは夏生偏愛歴四半世紀を誇り、写真集も3冊愛蔵しておる筋金入りじゃ。やっぱ〝お下品美女〟が好き！　映画界がもっと彼女を活用すれば〝和製キャメロン・ディアス〟になれたかも。その後、テレビ界から姿を消した彼女は、熊本の被災地支援活動を本腰入れてやっているとのこと（東スポ報道だけど）で、ファンとしては一安心。どっこい、岡本夏生は生きている。

昔の夏生のように、最近やたら男性週刊誌グラビアを賑わす中で、ごひいきが嘉門洋子だ。彼女は夏生と違って女優志向なのか「屋根裏の散歩者」（07）でも四つん這いで好艶演していた。実は身長が160センチもないのにそこはかとなく大柄感を感じるのが高ポイント。魅惑の肩幅、肉感ボディが何より。そんな彼女の魅力充満の新作が「農家の嫁　三十五歳、スカートの風」(12)。まずタイトルがナイス。わが2008年度1位の「ノン子36歳(家事手伝い)」(08)を彷彿させる。三十路地方女性の心の隙間風エロスというベクトルも共通する。連作「ラブ&エロス シネマ・コレクション」の一本だが、正直言って玉石混淆。結局、前回の連作中の「お前の母ちゃんBitch!」(10)の鈴木砂羽サマのように女優力が決め手かね。

今回も洋子嬢がイイ。昼飯に食べたパスタの切れっぱしがくしゃみで鼻から飛び出したことをきっかけに〝あったかも知れない何かを探すため〟家出する農家の嫁。そんな哲学的(?)思考も黒ブラ、黒パン、真っ赤なキャミの肉体を通せば妙に納得。まあ行き先は、モー娘。新規メンバーの面接会場の東京なんだけどね。「モー娘。は恋愛禁止じぇけえ」と広島弁を駆使する洋子嬢に、隣県で方言酷似の山口県人のワシャ、押し倒したいほど親近感がブチ湧くのお。濡れ場、からみは随所にあるが、微妙に完脱ぎしない〝生殺し〟演出もまた楽しからずや。まあ男性週刊誌で彼女のヘアヌードはガン見済みなので、まっ、いいか。兎に角、洋子嬢の〝程よいどん臭さ(褒め言葉)〟から染み出るエロスを堪能したね。

今号は〝和物〟に徹するつもりが『パッキン旬報』(何だ、そりゃ?)としては、特定銘柄アンバー・ハードの「ラム・ダイアリー」(11)での出世ぶりを愛でたい。ここで共演したジョニ・デをコマして、その後とっとと離婚だもの。実像の彼女は同性愛者だそうだが、画面でエロいの見せてくれりゃ、それでOK! 今後レズ・シーンなんて本気汁で出来るじゃん、って煽っとこ。

054 「崖っぷちの男」は『パッキン旬報』に『ラティーナ旬報』が対抗？

〝完脱ぎ〟について言えば「著名女優ちっとも脱がない症候群」の昨今、珍しく真正面からドーン、乳首乳輪全開の沢尻エリカ「ヘルタースケルター」(12)である。ポップアート調〝実録：沢尻エリカ風〟という虚実薄膜の作りは、スキャンダラスな見せ物として一応楽しめた。ただし、どこまでいっても沢尻エリカという素材にもルックスにも食指は動かないけど。そもそも〝清純派〟という括りが、駆け出し女優をエリカ様扱いすること自体が、罪作りだったと言うほかはない。

そんなことより『パッキン旬報』としては「崖っぷちの男」(11)の〝ビル壁男〟サム・ワーシントンのご指名で現れる〝交渉人〟のパッキン美女刑事エリザベス・バンクスに食指ピクピクもん。冒頭、緊急招集の電話でたたき起こされる彼女。寝具は乱れ、酒瓶が転がり、完全に二日酔い状態のヤサグレ感が、こっそりベッドに潜り込みたいぐらいイイね。現場に着いても「何もいらない。(酔い醒ましの)コーヒー頂戴」と言い放つ不機嫌なままの表情は、沢尻のソレより年季が入っててま。交渉のため、自らも平然とビル壁に立つほど無鉄砲な〝崖っぷちの女〟っぷりがボクにはセクシー。きっと非常階段でエッチすることも辞さぬタイプと見たが、いかがか。

そんな『パツキン旬報』に対抗する（?）かのように競演するラテン系女優ジェネシス・ロドリゲスもいかにも高性能ブンブン。〝ビル壁男〟を陽動作戦とする「ある計画」の実行犯の片割れで、鞭のようにしなる肉体をボディスーツに包んで、潜入したビルのダクトでの四つん這い姿がたまらん……我ながら四つん這いが好きだね、照れるぜ。寸分の狂いなくテキパキ動く姿は「エントラップメント」（99）のキャサリン・ゼタ=ジョーンズを想起させる。同行する恋人とはデート気分で会話はセックスネタばかりだし、計画遂行中に余裕こいて着替えしてピンクの下着を露出したりの場違いな〝軽さ〟がオジサンは好きだよ。

本作が映画デビュー。ジェネシス（創世期）って名に恥じぬスケール感溢れる新人女優ちゃんに両手を広げ、おいでポーズじゃ。こりゃ『ラティーナ旬報』コーナーも作らにゃいかんなあ。

055 五輪も終わったので、夏の洋画大作ヒロインを総なめしてみた

終わったロンドン五輪で個人的に最大の収穫は、女子水泳の寺川綾や鈴木聡美のむりっとした肉付きと厚みの美肩。ビジュアル的にも最高で（鈴木なんか夏目雅子似との声も）、大いに目の保養の肩ざんまいであった。

女優で、肩フェチ垂涎といえば「トータル・リコール」（12）の準ヒロイン、ジェシカ・ビールだろう。主人公の記憶のカギを握るタフな女戦士を演じて超たまらん。対ケイト・ベッキンセールとのキャット・ファイトではやっぱりジェシカを応援！

そのケイトはシュワちゃん版でシャロン・ストーンが演じた〝悪妻〟に扮している。これまであまりピンとこない女優だったが、今回はエエデ。一瞬、わがキム観音ベイシンガー菩薩様にチョイ似の顔をする時もあることを発見し、赤丸急上昇。シュワちゃん版ではややおざなりだったこの〝悪妻〟のキャラクターを発展充実させているのも、今回のリメークの美点と言える。

映画自体もシュワちゃん版とは全く別バージョンで新鮮だった。そもそも舞台は火星ではなく、地球。それも21世紀末、富裕層のブリテン連邦と労働者階級のコロニーの2つの地域

のみとなった時代。その思い切った二分法が潔い。核汚染と格差社会がこのまま続けばこうなるという未来図を突き付けてくる。主演のコリン・ファレルはごひいき男優だし、その〝労働者階級顔〟（？）がいかにも適役か。

行き掛けの駄賃で、夏の洋画大作のヒロインを総なめすれば、「アベンジャーズ」（12）は、誰が何と言おうとわがスカ・ジョの映画だ。彼女がいなけりゃ144分を退屈するところだった。いっそ題名を「ブラック・ウィドーとヒーローたち」にして欲しい、ってムチャ振りですか。

リドリー・スコットの「プロメテウス」（12）もわがシャーリーズ・セロン様がゴーマンかましている宇宙船監督官がステキ。長身パッキンで、冷たい銀色のシルクスーツが似合いすぎ。あたりを睥睨《へいげい》するかのような上から目線はまるで〝宇宙の女王様〟だね。鉄めはひれ伏しまする。

主演のノオミ・ラパスも「ミレニアム　ドラゴン・タトゥーの女」（09）以降、出世街道まっしぐら。阪神の能見は、ヘロヘロだっだが、こちらのノオミは絶好調。自動手術機で自ら帝王切開し、〝何か〟を産み落とし、巨大なホッチキスみたいな針で自分の腹を縫合する荒業も辞さない。これが痛そうで、痛そうで。つくづくド根性ヒロインが似合う女優だね。作品は〝人類の起源〟とか小難しそうだが、ラストなんか笑えるぐらい非・難解。ご安心を。いつの夏でもネーちゃんで観よう。

056「ロック・オブ・エイジズ」の2美女で「秋のパツキン祭り」！

ウナギも漁《と》れぬが、最近はパツキンも不漁続き。国際的女優品定め業・秋本商会の看板に泥じゃけえ、と一念勃起じゃなかった一念発起、東奔西走、洋画各社に「いいパツキン入った？」とデイズ・オブ・御用聞き。

するってーと、わーなー兄弟社サンから、こんなん出ましたけど、と勧められたのが「ロック・オブ・エイジズ」（12）。トム・クルのロック映画なんてピンとこねえなあ、とブーたれてたら、「ヒロインの新星ジュリアン・ハフが秋本さんド真ん中のパツキンっス」とテキは力いっぱい。どれどれオジサンに見せてごらん、と品定めしたら、これがニャカニャカ。サクセスを夢見てグレイハウンド（長距離バス）でLA入りしたネーちゃんにズバリ適役。思わず「フラッシュダンス」（83）のジェニファー・ビールスや「コヨーテ・アグリー」（00）のパイパー・ペラーボをダブらせちゃったぜ。まだ20歳チョイなのが多少ネックだが、まばゆいパツキン、むっちりボディは特極上。ポールダンスも披露して、縦長のヘソがエエで。若き日のアシュレー・ジャドみたいなルックスもナイス。もっと顔を濃くすると日本の山田優にチョイ似か。ジュリアン・ハフ。もうハフ、ハフ言いながら食べちゃうゾ〜。

彼女以上にイイのが、最近赤丸急上昇中のマリン・アッカーマン。今年は作品目白押し。ブルース・ウィリスと共演の「キリング・ショット」(11)では美女強盗トリオの主犯格、ニコラス・ケイジ主演の「ゲットバック」(12)でも強盗団の紅一点でたまらん。オヤジ殺しの相もありと見た。

今回は『ローリングストーン』誌の勝ち気な女性記者に扮し、トム・クル(彼も五十路のオヤジだし)演じるカリスマロックスターに厳しく意見し、逆に気に入られ速攻ベッドイン。下着をつけたままが野暮だが、水色パンティに白いブラ姿や、トムが彼女の股を広げて疑似クンニするシーンなどが目の保養なので、まあイイっか。べっ甲風が珍しい眼鏡が似合う。佳境に入るとその眼鏡を外し、振り乱すパツキンがこれまた絶景なり。

そのほか「デンジャラス・ラン」(12)ではごひいき熟女パツキンのヴェラ・ファーミガが〝悪役〟で気を吐くし、「バイオハザードV:リトリビューション」(12)に出てくるミラ・ジョヴォ=アリスの〝平和な家庭の頃〟シーンではドパツキンだったのが、必要以上に嬉しかった。探しゃあるじゃん、優良パツキン物件。とりあえず「ロック・オブ・エイジズ」の2美女で〝秋のパッキン祭り〟じゃ!

♪ハア、踊り踊るなぁら、ちょいとパツキン音頭、ヨイヨイ!

057 パッキン不足の埋め合わせは金塊強奪映画「黄金を抱いて翔べ」で！

水不足は秋雨と台風で解消されるのが常だが、依然として銀幕地方はパッキン不足。これは近年の〝邦高洋低〟天気図の影響か、と考えたりして……。

ＤＶＤ発売の仕事で「ナインハーフ」（85）を見返すと、そこにはわがキム観音ベイシンガー菩薩様がパッキン振り乱し、そのエロいお口にイチゴやミルク、ハチミツがほうり込まれたりする痴戯が展開して、干天に慈雨ならぬ〝干天にパッキン〟とはこのこと。また、ロバート・アルドリッチの遺作にして最高傑作かも？　の「カリフォルニア・ドールズ」（81）がリバイバルされる朗報あり。パッキン闘神ローレン・ランドンを愛でて、「♪ランドン、ランドン、みんなのランドン～」（往時のキャバレー『ロンドン』のＣＭソングの節で）と久々に歌ったらんかい、と心躍らせる。

そんなにパッキン不足ならいっそ、〝男騒ぎ〟。「黄金を抱いて翔べ」（12）を観て僕の一番好きな映画ジャンルは強奪・金庫破りもの、要するに〝タタキ〟のシャシンと確信した。いやあ、鰹のタタキもイイけど、タタキの映画もイイねえ。理由は、もちろん「黄金の七人」（65）などの刷り込みもあるが、きっと共犯幻想を一番抱けるからだろう。威容を誇る巨大銀行の前で浅野忠信が口にする「燃えてくるだろ」の名台詞を聴きながら思い出したのは、三十年以上前のサラリーマン時代、放蕩が祟ってサラ金数社借り入れで首が回らなかった頃だ。金融機関の前に佇み、クソ〜、ここにはお宝がうなってやがんだろうな、一丁やったろか、と日夜犯罪的な目で見ていたっけ。前出の浅野をはじめ、妻夫木聡など実行犯たちの面魂がいいのは、彼らが死と直面する覚悟、死を代償とする決意をすでに保持しているからだろう。現代の強奪犯がなぜかケータイを持たないことがキーとなっているが、これとて彼らの覚悟の表れと見た。電子機器でチマチマ微調整、再確認なんざ用意周到、連携完璧、一気呵成の〝タタキの映画〟では、見苦しいし、潔くない。

井筒監督の言う「エリートには解らない気分」が作品全体に脈打ち、それをヒシと受け止めたつもり。高揚感十分に試写室を出ると、そこに同い年で旧知の監督の姿。「血ィ騒いだ」と率直な感想を述べると「そやろ」と返ってきた。お互いニヤリ。

ブロンド不足の埋め合わせをゴールド、金塊強奪映画にしてもらうとは、これもまた一興なり。札束は信用できないが、金塊は永遠だ。劇中の通り。ならば、人間は信用できないが、金髪は永遠だ。チト違うか**？**

058 髪をパツキンにすれば印象も激変。マギー・グレイスが生き証人！

パツキンなら何でも可とはいかない。「世界中から高品質・高性能のパツキンをお届けする」を社是とする秋本商会にモラルハザードは許されぬ（偉そうに）。

半ヤケで〝和もの〟の「私の奴隷になりなさい」（12）の壇蜜に食指を。オヤジ週刊誌グラビア等を騒がして久しい三十路熟女だ。会見で「お肉は腐りかけが一番美味しいことを証明したい」と名言を吐いたのも好印象なり。

形から入るボクとしては芸名・壇蜜もご本尊からも淫風《いんぷう》が漂う。緊縛、剃毛、二穴責めなどヘアヌードも含めてエロ満開。特に約10分に及ぶ本気印シャワー自慰は、〝今世紀3大自慰シーン〟の番外に加えたいほど。すでに福山雅治、リリー・フランキーの〝好事家《こうずか》〟も彼女を絶賛とか。ボクも賛助会員程度にイッチョカミ……とニヤついてたら、秋本商会秘所、じゃない秘書（そんなの居るんか）から「ベッソン商事から出物のパツキンが」との一報アリ。

ヘッヘェ〜、来やがった、来やがった、と「七人の侍」（54）の三船・菊千代のように小躍りして現場に急行、と思いねえ。

モノはリュック・ベッソン製作「ロックアウト」（12）のマギー・グレイス、29歳、米国産。

あれ、このコって「96時間」（08）で誘拐される、リーアム・ニーソンの一人娘だったよな。あん時ゃ非パッキンで小娘っぽくてアウト・オブ・眼中だったが、今回はパッキン仕様で一変。宇宙監獄の人質となる（ひょっとして、マギーは攫《さら》われ易い体質？）大統領令嬢役だが、元CIAガイ・ピアースと共闘する頼もしさ。途中一瞬黒髪になるが、ご丁寧にまたパッキンに戻して活躍するのも得心した。パッキンは闘魂注入の象徴でもある！ と勝手な理屈を付けよう。

ピアースとの掛け合いやパンチのお返しも〝勝ち気女と皮肉屋男〟という映画伝統に則った絶妙さ。パッキンで激変、の生き証人マギー、ウチで買《こ》おた！

その伝《つて》でいけば「ボディ・ハント」（12）のジェニファー・ローレンスも非パッキン仕様の「ハンガー・ゲーム」（12）よりドパッキンの今回を上に見た。ただ顔形や顎などの肉付きがまだコドモで〝太目残り〟、〝たたかれ良化〟（共に競馬用語）を期待したい。

現時点では彼女より、母親役のエリザベス・シューがパッキンに年季が入っている。「ピラニア3D」（10）の時にも見せたタンクトップ姿の充実肩幅肉が「お肉は腐りかけが美味しい」を証明してくれて絶品なり。その熟女臭も甘露甘露、これがホントのエリザベス・臭！（失礼）

059 ドキュメント、新作、旧作の007三昧とイーストウッドの小便！

「煎じつめれば映画とは007、ネーちゃんとはボンドガール！」というわが辞書の暴論を胸に、2012年晩秋の2週間足らずは、007三昧であった。まず東京国際映画祭での特別招待作のドキュメント「エヴリシング・オア・ナッシング　知られざる007誕生の物語」（12・未公開）だ。実に洒落た作りりで、長寿シリーズの裏側を覗かせてくれた。続けて待望の新作「007　スカイフォール」（12）の試写会。さらには、DVD発売記念「007は二度死ぬ」（67）TV放送吹替初収録特別版上映会だもの。

シリーズ誕生50周年は、わが映画遍歴ともほぼ重複し、愛着ひとしお。007は時代に即し、変幻・変異を重ねてきた。要するにボンドは美女たちとも寝たが、時代とも寝てきたのだ。「007　スカイフォール」は、傷だらけのダニエル・クレイグが新世紀ボンドとして、一層相応《ふさわ》しくなった。節目の作品らしい趣向と〝人事〟に溢れて、ラストは思わずほくそ笑むほど楽しめた（長年の007ファンなら、きっと）。おっと、ネタバレ禁物。ユア・アイズ・オンリー！

恒例のボンドガール品定めは、胸開きの黒いドレスの女べレニス・マーロウがとびきりエロい、ケバいで、どストライク。彼女の浴室にボンドが侵入するシーンに身を乗り出す。欲を言えば、中盤であっさり退場せず「007／ゴールデンアイ」(95)のファムケ・ヤンセンの如く、もっと悪女ボンドガールの華を咲かせて！

ともあれ「007、次の50年へ」だそうだ。あと何回ダービーを観られるのだろうか、は中高年の競馬ファンとしての偽らざる気分だが、この先、何本007の新作を観られるのだろうか、は映画好きとしての本音でもある。

否、たかが還暦程度で感慨無用。齢82(当時)のイーストウッドに比べれば洟垂《はなた》れ小僧である。御大久々の主演専念作「人生の特等席」(12)は、老野球スカウトが冒頭で小便の出の悪さに己が分身に毒づくシーンに微苦笑させられ、「今はただ　小便だけの　道具かな」という戯《ざ》れ句《く》を想起した。

ここで〝冒頭が男の小便〟映画を、流行の〝三大くくり〟といこう。個人的暫定的に「夕陽のギャングたち」(71)、「死にゆく妻との旅路」(11)、そして本作としてみたが、いかがか。イーストウッドも老境ゆえか、疑似家族よりも血縁修復がテーマとは……もう少し毒気も欲しいが、「インビクタス／負けざる者たち」(09)なんぞよりはよく出来た〝情話〟と思いたい。御大出演はこれが最後か、そのほうが気になる。

秋深し。気分は黄昏。それもまた善しだが、ボクらしくない。景気づけには、やっぱ007！

060 CMパッキン美女をチラ見して、心は正月第2弾のファアムケ姐に！

かつてはCM需要が高かったパッキンだが、最近は目減りしとる。そんな中でオキニは、洗剤ボールドで隣に越してきた確か〝山田サン〟のパッキン若妻ちゃん。自己紹介篇から、最新の部屋干し篇までずっと注目中で、外国訛りの日本語、ショートのパッキン、タレ目の笑顔がナイス。昔、一寸通った英会話学校のパメラ先生（それって誰よ？）にも似て好みじゃ。そういえば、数年前にACの公共広告などでも話題になった山形県銀山温泉のパッキン美人女将ジニーさんはその後もご健勝なのだろうか、と想いを馳せたりする。パッキン若妻の氏素姓も、パッキン女将の近況も、検索すればすぐ分かるのだろうが、あえて〝知りすぎない〟ことをヨシとしたい。

そんなCMパッキン美女をチラ見しつつ、お正月映画はいっそ007に代表して貰って、心は早くも正月第2弾へ一足飛び。

007最新作と同じく、舞台は♪飛んで、イスタンブールゥ（古いね）となった、「96時間／リベンジ」（12）のファムケ・ヤンセン姐にロックオン。彼女も「007／ゴールデンアイ」（95）の歴代屈指の元ボンドガールであった。パート1で個人的には、妻のファムケ姐奪還のほうが燃えるのお、と思っていたら、本当にそうなりやんの。敵に捕らわれ、逆さ吊り拷問死寸前のファムケ姐地獄責めの惨景に「わが熟女観音様に何すんじゃ、コラ！」と乱入したいほど。その一方で、さりげなくマスクを取ってそのエロい苦悶の表情も少し味わいたかった……ってワシャ鬼畜か。前回、誘拐された娘マギー・グレイスも、SFアクション「ロックアウト」（12）でも明らかなように成長著しく、今回は手榴弾、暴走運転も厭《いと》わず、父との連携も鮮やかな大活躍の巻！

おっと主演を忘れるトコ、リーアム・ニーソン旦那であった。1952年生まれといえば、ボクと同じ今年で前期高齢者やんけ。同年生まれの男性スターは意外と少なく（一応該当のスティーヴン・セガール、ミッキー・ロークは生年複数説あり判然とせず）、そこで暫定的に〝前期高齢者の星〟の座を彼に謹呈したい。その尊称に恥じず、このシリーズではセガール真っ青の〝最強オヤジ〟ぶりを披露し〝隠れタフガイ〟という新たな形容詞も差し上げたいほど。人身売買組織との泥沼の報復合戦は〝憎しみの連鎖〟の様相を呈しておりパート3も出来そう。次はパッキンの最強刺客でも用意して、ファムケ姐が昔取ったボンドガールの杵柄よろしく黒髪VS金髪の闘いも繰り広げるってのドーヨ。製作・脚本ベッソン御大、ソコ頼んまっせ！

061 結子、涼子、ホスちゃんに共通するハードボイルド・ヒロイン像！

還暦も過ぎると夜な夜な盛り場に出撃する回数も次第に減り（それでもバニーちゃんのお店にはまだ行っとるゾ）、家呑みが増え、〝テレビっ子〟になったりもする。お前、それでいいのか、と「ブリット」（68）のスティーヴ・マックィーン気分で、鏡の中の自分を見つめたりして。

2012年初めごろは『ストロベリーナイト』（11）で〝テレビっ子〟だった。過去に婦女暴行を受け、心と体に傷を負った女性刑事・姫川の強さと脆さが混在するハードボイルド・ヒロインぶりが秀逸で、演じる竹内結子も三十路になってからの方が昔よりセクシー。その映画版だが、「お前も地獄を見た」「俺に同じ血の匂いを嗅ぐのか」とうそぶく暴力団幹部の〝殺し文句〟に陥落、情を通じる美人刑事って背徳的だし。今回、屋外シーンは徹底的に雨責めで〝結子・濡れっぱなし〟と思うとさらにエロい？

12年秋は木曜が〝テレビっ子〟だった。『捜査地図の女』（12）『ドクターX』（12）『結婚しない』（12）の怒濤の三連チャンで各ヒロインを酔眼で楽しんだが、やっぱ『ドクターX』の米倉涼子が一番。

マカロニ西部劇みたいな主題曲に乗って、広い肩で風切り、大柄ボディの大股でグイグイ歩く凄腕フリーの外科医・大門未知子にピッタシ。「私、失敗しませんので」のキメ台詞も含め、実に痛快ブラボーであった。

　これは、いわばハードボイルド・ヒロインものの大フィクションだが、リアルでシリアスに転じると「東ベルリンから来た女」(12)になりはしないか。設定も、筋立ても当然違うが、ハードボイルド精神は共通ではないか。

　こちらのヒロインは東ベルリンの大病院勤務だったが、西独への移住申請をはねつけられ、危険分子扱いで秘密警察の監視下、バルト海沿岸の小さな町の病院に〝左遷〟されてくる、という設定だ。『ドクターX』の謳い文句である「群れを嫌い、権力を嫌い、束縛を嫌う」……がそっくりそのまま当てはまるほど、孤立を恐れず、孤独に挫けず、すでに孤高の風情をも漂わす。ラスト、甘美な欺瞞も心地よい堕落も排した勇断を含めて、それは、まさにハードボイルド・ヒロインの所作なり。

　演じるニーナ・ホスが圧倒的。ナスターシャ・キンスキーやエマニュエル・ベアールにも似た彫りの深い美貌、大粒な情熱の瞳、キリリとした意志の唇、そして、辛酸をなめて成熟した肉体が屹立している。おまけにパツキンだし！（おっ、出たな）

　ホス、って名前も、ホステスのホスちゃんみたいで好きだよ。ニーナさん、5番テーブル（僕の席）、場内指名ハッスルゥ！

062 働きすぎウィリスを心配しつつ、英国大柄パツキンを見上げる!

このところ還暦ネタが多くて恐縮です。フリーは六十路になっても働く宿命（否、働ける喜び）だが、働きすぎにご注意を。

で、最近気になるワーカホリックは〝アラ還の星〟ブルース・ウィリス。2011～12年あたりだけでも「セットアップ」（11）「キリング・ショット」（12）「シャドー・チェイサー」（12）「エクスペンダブルズ2」（12）、13年劈頭《へきとう》も「噂のギャンブラー」（12）「ムーンライズ・キングダム」（12）と助演多しとはいえ出過ぎだろ。

主演作だって「LOOPER」（12）に、大看板「ダイ・ハード　ラスト・デイ」（12）と大車輪だ。「酷寒のモスクワで、Tシャツ一丁大奮闘!」てな記事を読むと、おいおい大丈夫か、過労死すっぞ、と要らぬ忠告したくならあ。思えば、ロバート・ライアンもウォーレン・オーツも晩年は生き急ぐように映画に出まくりだった、とは縁起でもないか。

そんな、ダイ・ハード最新作を心待ちにしつつ観た「ファイヤー・ウィズ・ファイヤー炎の誓い」（11）はあまたのウィリス助演作の中でも近年出色。殺人事件の重要証人となった青年の〝保護プログラム〟に則った逃亡とつけ狙う犯罪組織の魔手を描くハードボイルド・

サスペンスで、ウィリス御大は、青年の保護と組織壊滅に執念を燃やして凄みと哀感を滲ませるベテラン刑事役で「16ブロック」（06）を彷彿させる枯淡ぶりもグー。

一方、「アウトロー」（12）でハードボイルド〝ジャック・リーチャー〟を演じるトム・クルーズは決して悪かァないが、ウィリスのメンコの数の比べたらまだまだ青い。ボクの視線は専ら、彼に銃撃事件の捜査を提案するパツキン美人弁護士役のヒロイン、ロザムンド・パイクにGO。

彼女は、こちらもごひいきジェマ・アータートンとともに英国大柄女優のわが麗しのツー・トップとお見知り置きを。共通項は、演劇からTVシリーズという王道を歩んでいること。共に007や「タイタンの戦い」（10、12）シリーズに出演歴ありと、実に似とる。長身大柄好きのトールマニアとしては、相似形の彼女たちにサンドされる淫夢を見るね。君たちを見上げて、下から目線。そびえ立つ麗峰のごとき〝双つ富士〟に、嗚呼、よじ登らせて……う〜たまらん（アホ）。

最近ハードボイルド・ネタも多くて恐縮です。「ライフ・オブ・パイ／トラと漂流した227日」（12）のベンガルトラ君もその一人、いや一頭か。リチャード・パーカーという名前自体ハードボイルドっぽいしね。少年に一瞥も加えず密林に消えゆく精神に打たれた。ボクは「ワイルドだぜ〜」より「ハードボイルドだど」（内藤陳氏に捧ぐ）を好んで使おう、と改めて思う。

063 〝ウクライナ閥〟幹事長オルガ・キュリレンコ、故郷に帰る！

オヤジ週刊誌情報だが、日本の女優界には〝小泉会〟なる呑み会が隠然とあるそうな。〝番長〟のキョンキョンが酔って、米倉涼子に「ヨネ、お前（映画で）脱げ」とけしかけているとかで、実に楽しそう。他のメンツは長澤まさみ、鈴木砂羽……たまらんのお。もう下足番でもパシリでもお酌でも喜んでしますから、イッチョカミさせて！

一方、ハリウッド女優界には〝ウクライナ閥〟がある！　とボクが勝手に流布している。ウクライナから身一つ裸一貫で聖林入りしてサクセス、が条件で、党代表は当然ミラ・ジョヴォヴィッチ。幹事長にはボンドガール以来成長著しいオルガ・キュリレンコを、と独断でオレがキメレンコ！　党人事に口出しついでに青年局長には「テッド」（12）「オズ　はじまりの戦い」（13）と続くミラ・クニス抜擢でどやっ！

ちなみにボクは長年のロシアン・パブ通いが認められ（？）党宣伝本部長やらせてもらってま。ミラ・ジョヴォは「エターナル　奇蹟の出会い」（11）で母国に錦を飾ったが、さしずめ〝オルガ故郷に帰る〟なのが、チェルノブイリの悲劇を、隣町プリピャチを舞台に、事故当時とその10年後を描いた「故郷よ」（11）だろう。自ら熱望して挑んだだけに、事故後もなお街に留まり〝チェルノブイリ・ツアー〟ガイドという忸怩《じくじ》たる職の女性を静かに熱演する。放射能の影響で、肌に艶がなくなり、シャワー室で長い髪が抜け落ちる……これが小柄で華奢な女優では痛々しすぎる。理不尽な災禍に対峙し得る大柄で凛としたオルガの肉体、汚染された大地になおも屹立するオルガの長い美脚があらばこそ、ではないか。後半、髪を染めてパツキン風になるのが何だか嬉しい。ヌードもからみも披露してくれるのはもっと嬉しい。題材からして不謹慎と言われても、ボクは彼女を前に〝観音さんじゃ〟と銀幕に手を合わせていた。受難の地に敢えて留まるハードボイルド・ヒロイン性は、少し前に紹介した「東ベルリンから来た女」(12)と共通するはずだ。

実はチェルノブイリが話に関わる「ダイ・ハード　ラスト・デイ」(12)のユーリア・スニギルも〝ウクライナ閥〟に勧誘したい逸材。ミラ・ジョヴォ的目ヂカラ美貌で〝軍用ヘリ特攻〟を敢行し、マクレーン刑事の肝を冷やすとは、ダイハード悪女の鑑なり。彼女、生誕地ドンスコイとあるが、世界地図見ても何処やねん？　その後の調査で、ドンスコイはロシアのどまんなか、モスクワから南に220キロのあたりだって。でも、ロシア系（厳密にはスラヴ系）なのでに暫定入党させたろ。2013年で三十はミラ・クニスとほぼ同年齢だから、W青年局長ってことで夜露死苦。否、この場合、夜・露西亜か！

064 春のパッキン祭りでブレイク嬢がブレーク？ ユマ姐もエロいぞ！

やや旧聞に属すが、パッキン界、2013年劈頭《へきとう》の事件は、金髪党のアイコン、『PLAYBOY』誌総帥ヒュー・ヘフナー（当時86歳）が60歳年下のパッキン〝プレイメイト〟と大晦日再婚した報か。オカネが目当て？　当たりマエダのクラッカー。相手のクリスタル・ハリス嬢が、キャサリン・ゼタ＝ジョーンズを若くパッキンにした風情でいかにも野望の匂いプンプン。クリスタル嬢よ、男なんかいくら踏み台にしても構わんから、くれぐれも、老富豪と結婚→相手の死後ドロドロ裁判劇→果ては不審死したプレイメイトの先輩アンナ・ニコル・スミスの轍だけは踏まんでくれ。パッキンとは生命力の具現なのだから。

野獣死すべし、パッキン生くべし。そんな気分が「野蛮なやつら　SAVAGES」（12）だ。オリヴァー・ストーン映画は、偽善と被害者意識が強いと鼻白むが、純粋アウトローものなら高打率で、今回も右中間真っ二つ！

ヒロインのブレイク・ライヴリー嬢は「ザ・タウン」（10）でも、アウトローたちの谷間に咲く金色の百合のごとく映えていたが、今回は大麻栽培のベンチャーで成功した16年の高樹沙耶の事件を予言するような（!?）野性派テイラー君、心優しきアーロン君（男優はフルネームで書かんのか）、2人の彼氏と共同生活、真っ昼間からエッチ三昧のパッキン美女。男からすれば、ラグーナ・ビーチでブレイク嬢を共有する3P生活なんて儚い夢か。夢でござる。劇中では「明日に向って撃て！」（69）が引用されるが、むしろ「冒険者たち」（67）の現代版の趣。ブレイク嬢は、パッキンのなびかせ方が往年のジョアンナ・シムカス似だが、ビッチ感が漂うのが新味かな。ブレイク嬢がブレーク中！って我ながら酷いギャグ。少し割れた顎がセクシーで、思わず舌でツンツクしたいざんす。敵役で長年ご愛顧サルマ・ハエック姐の〝極妻〟ぶりもブラボー！

春のパッキン祭り、ということで、長年ご愛顧パッキンの部では「ベラミ　愛を弄ぶ男」（12）のユマ・サーマンもイイね。野望の美青年に弄ばれる3人の女の中でもキリリとした魅力を保持、主人公に伍する高身長のパッキン美熟女にうっとり。着衣のままの騎乗位シーンがたまらん。ユマ姐の「キル・ビル　Vol.3」の実現が楽しみだな、と思っていたら、〝キル・ビル〟ヒロイン的美貌のパッキン・モデル、リーヴァ・スティーンカンプ嬢が、恋人の義足ランナーに射殺されるという悲報に心が曇る。

神よ、無情ですぞ。パッキン好きの酒友と「何ちゅう勿体ないことするんじゃ。パッキンにコロされても、パッキンを殺すなかれ」とオダをあげた次第。

065 今回はヒッチコック映画、ギア映画で〝パッキン卍固め〟！

休肝日だって週に一回がせいぜいの身には〝休パツ日〟も一回分がやっとこさ、と〝パツキン卍固め〟に徹するゾ、の今回の言い訳としよう。折しも〝パツキンの鬼〟ヒッチコック御大の秘話を描く「ヒッチコック」（12）が公開とはグッタイミン！

アンソニー・ホプキンスが特殊メイクで御大に似せて怪演すれば、この〝サスペンスの神様〟を創った有能な妻をヘレン・ミレンが巧演する。生涯オスカーにも美人パツキン女優にも忌避された御大の「サイコ」（60）製作をめぐる顛末と秘話、嫉妬と妄執の日々は興味津々であった。特に〝覗き穴〟とかね。

とはいえ、やっぱり注目は女優たち。御大との距離を巧く取るジャネット・リーを演じるスカーレット・ジョハンソン、逆に機嫌を損ねてしまうヴェラ・マイルズに扮するジェシカ・ビール。２人ともあまり似ていないが、わがごひいきの現役パツキンだもの、憎かろうはずもない。

ヒッチ秘話は落ち目の晩年のほうが凄絶なので、「ヒッチコック２」でも作って見せて欲しいね。「鳥」（63）などのティッピ・ヘドレンへの歪んだ愛情はテレビ映画『ザ・ガール　ヒッチコックに囚われた女』（12）に詳しい。ちなみにティッピを演じるのはシエナ・ミラー。

往年の女優を現役の女優が演じた直近の例では「ゲンスブールと女たち」（10）でブリジット・バルドーに挑んだレティシア・カスタが良かった。彼女は「キング・オブ・マンハッタン　危険な賭け」（12）で投資会社の大物役のリチャード・ギアの愛人を演じてこちらも（ただし髪は黒）セクシー。濡れ場での黒ブラ&巨乳の谷間なんざ天下の絶景ヨ、とニンマリしていたら、中盤でご退場。急にエンマ顔になったが、入れ替わるようにギアの娘役で後半を仕切るブリット・マーリングが現れたとたんエビス顔、とは現金な！　これってキャバで指名嬢に中座されたけど、ヘルプ嬢が予想以上でニッコリタンメンの気分にさも似たりって、違うか。ブリット嬢はタッパがあってドパツキンの大柄有能美女と思いねえ。大学で経済学と映画制作を学び、米金融大手で投資アナリストも経験し、サンダンス映画祭上映作に製作・脚本・主演した才媛……という経歴を読むだけで〝場内指名〟確実！　もうブリブリッとマーキングじゃい。

ジョハンソン、ビール、マーリングの〝パツキン卍固め〟が鮮やかにキマったので、調子こいて「ノッポ・パツキン・大柄美女を愛でる会」を法人化したい。これがホントのNPO（ノッポ・パツキン・大柄）法人！

066 「GWもパッキン」の思惑外れ、「肩幅・制服美女」にロックオン！

私事で恐縮ですが、かれこれ10年以上出演したラジオ番組『東京コンシェルジュ』が2013年3月で終了したが、ここでも臆面もなく〝パッキン〟を連呼し、MC八木亜希子さんを呆れさせたっけ。そんな感無量の中、13年GW映画を俯瞰したが、パッキンの出物がな〜い。ならば大好物の「肩幅・制服美女」にロックオン！

洋画でソノ線を狙えばシュワちゃん主演復帰作で、「グッド・バッド・ウィアード」（08）のキム・ジウン監督らしい西部劇タッチが嬉しい「ラストスタンド」（13）で美人副保安官を演じるジェイミー・アレクサンダーがナイス。「リーサル・ウェポン3」（92）などのレネ・ルッソにも似たキリリとした横顔が好みじゃ。豪銃を構えた時の二の腕や肩の肉付きや、胸にバッジの国防色（死語？）っぽい副保安官制服に燃えるぜ。モスグリーンのTシャツに映えるたわわな実りもたまらん。

〝たわわな実り〟といえば高岡早紀の国宝級のソレは〝整形美女〟映画「モンスター」（13）で拝める。オヤジ週刊誌風に言えば、「忠臣蔵外伝　四谷怪談」（94）以来、19年ぶりの完脱ぎ！　ではないか。わが不惑の頃の眼福が還暦の時に再び眼前に、嗚呼「生きてて良かった！」（アホか）。
おっと、いかん。おっぱいはすでに解脱し、今や肩幅へと悟りを開かんとしているのに……まだまだ修行が足らんのお。それにしても高岡早紀のブサイクメークが凄っ！　松坂慶子の「自由な女神たち」（87）、沢尻エリカの「ヘルタースケルター」（12）などの整形美女ものでも、ここまで残酷に見せつけていない。〝カラダが目当て〟を標榜する身としては、整形を愚行と否定しきれるはずもない。リスク承知で、親に貰った大事な体を墨で汚すもヨシ、髪をパツキンに染めるもヨシ、顔や体に禁断のメスを入れるもヨシ。「短くも（人工的に）美しく燃え」と、無理にでも弁護したい。

邦画の肩幅狙えば「図書館戦争」（13）の榮倉奈々か。ＴＶ『黒の女教師』（12）では〝愚か者！〟のキメゼリフと必殺の飛び蹴りが良かったが、本作では肩幅アンド〝図書隊〟制服が特化されており、急に〝場内指名〟じゃ。彼女、意外とタッパもあって、教官役の岡田准一を、やたらチビ呼ばわりするのがオカシイ。まあ、映画は巧妙な〝専守防衛〟自衛隊勧誘映画の如しだし、岡田が榮倉をバインダーでポカリとやったり、ビンタ張ったりするあたり、最近では体罰！　と問題にならんか。それを尻目にボクは榮倉肩幅一点。口説き文句は「榮倉ちゃん、君の肩幅はＡクラ（榮倉）ス！」で、どや。

067 相変わらずの〝金髪安〟の中、最後にパッキン業界大朗報が……！

前回〝パッキンの出物がな～い〟と嘆いたっけ。円安はともかく〝金髪安〟は秋本商会としては死活問題なので、無理してでもパッキンの話題をGO！　と言いつつ、まずは内需拡大で邦画女優を。「探偵はBARにいる2　ススキノ大交差点」（13）で、原作にはないワケありヒロインを演じた尾野真千子は最近絶好調だ。ご本人が関西弁ネイティブだけに、このキャラもナイス。『最高の離婚』（13）は近年の傑作ドラマだったが、あのズボラ美女が忘れられない。彼女の本格喜劇映画が見たいっ！

〝原作と違う〟といえば、木内一裕原作がメチャ面白い「藁の楯　わらのたて」（13）で女性SP（原作は男）を演じた松嶋菜々子もそう。短髪でイメチェンし奮闘するが、人間のクズの犯人（藤原竜也）に「オバサン臭い」呼ばわりされ、僕はつい藁って、否、笑ってしまい反省。四十路を笑うなかれ。

松嶋菜々子と同じくアラフォー著名女優を外国でいえば「モネ・ゲーム」（12）のキャメロン・ディアスだろう。本来ならごひいきパッキン女優の彼女が今号のトリと予定稿してたのに、この詐欺喜劇がイマイチで計算が狂った。元ネタ「泥棒貴族」（66）は楽しかったし、シャーリー・マクレーンの役柄がキャメっちなのも嬉しいのに、ノリが悪い。察するに「終着駅　トルストイ最後の旅」（09）などのマイケル・ホフマン監督や脚本のコーエン兄弟が〝ドタバタ〟に不慣れなせいと見た。ただし、テキサスの野性的カウガールってなキャメっちの設定はピッタンコ。カウボーイハット、超ミニ・ジーンズ、革ブーツ姿がたまらんのお。四十路でこれがキマる女優は世界広しといえどもキャメっちのみ？　このビジュアルだけでモトが取れらあ。

こうなりゃ無理やりパツキンを掘り起こしたい。申し分なくカッコいい〝米版県警対組織暴力〟的な「L.A.ギャングストーリー」（12）で不屈のポリス、ジョシュ・ブローリンのパツキン妻を演じるミレイユ・イーノス嬢が肉感的でなかなかイーノス。今回は貞淑な役だが、待機中のブラピやシュワ主演作では奔放でエロい役柄を熱望す。

リメイク版「死霊のはらわた」（13）で、自分の腕を電ノコで切り落としたり、ドロドロ、ボロボロのパツキン美女エリザベス・ブラックモア嬢には〝受難をモア（もっと）賞？〟を献じたい。

ここで突如パツキン業界大朗報！　キム観音ベイシンガー菩薩様愛娘アイアランド・ボールドウィン嬢が堂々大手モデル・デビュー！　188センチたあクラクラするぜ。デルモから女優へ、母の道を娘もいざ歩まん！

068 パツキンNEWSをかましつつアマンダほかでパツキン音頭！

直前で、キム観音ベイシンガー菩薩様愛娘がモデル・デビューと報じた勢いで、調子こいて、パツキンNEWS続報！

2013年当時の新聞によりますと、タイガー・ウッズは五輪スキー滑降で金メダルのアスリート美女リンジー・ヴォーンと交際中、とか。ウッズは名うてのパッキン好きだけに（離婚した妻もパツキン）、やっぱり治らんな、と勝手に親近感。個人的には世界三大パツキン好きを「ウッズ・千昌夫・秋本鉄次」と自惚《うぬぼ》れたい、って相当厚かましいか。

その千氏が、往時の再婚騒動の渦中で「アマンダ（交際パツキン女性の名）？　知んねーなあ、アマンド（六本木の有名喫茶店の名）なら知ってっけど」ってカマしたオトボケ駄ジャレが忘れられない。で、アマンダでドパツキンといえば最近じゃアマンダ・セイフレッドでしょ。

一寸《ちょっと》若い頃の野川由美子的な牝猫フェイスがイイね。「ジェニファーズ・ボディ」（09）や「赤ずきん」（11）などホラー・スリラーも多く、そんな〝自己条件〟に戻っての「ファインド・アウト」（12）は好ましい。

「過去に拉致監禁されたし、今度は妹が大変なの」と訴える虚言症疑惑美女の真相は？ 彼女のカッキと見開いた大粒の瞳とまばゆいパツキンに幻惑されるのもまた愉悦なり。かなり変化球の結末かと思いきや、直球勝負とは逆に意外だったけれど。

まだ芳紀27歳（当時）のアマンダもイイが、熟パツもエエで。「愛さえあれば」（12）で辛くても前向きな熟美人妻を演じるデンマーク産トリーネ・デュアホルムは、孤独な男やもめピアース・ブロスナンと好相性で〝大人のラブロマンス〟を演じて、その磨きのかかったパツキンがナイス。

同じく四十路パツキンでいえば異色スリラー「イノセント・ガーデン」（13）の情緒不安定な母親役のニコール・キッドマンは昔より遥かにイイ。そのビョーキっぽさも艶っぽく、若いころは薄かった唇もぽってりで何より。成人したとはいえ、少女っぽさ濃厚なミア・ワシコウスカには一瞥すら与えず、キッ子（彼女への勝手な愛称）に淫したい。

そのキッ子と豪州時代にマブダチだったのがナオミ・ワッツ。お得意の〝世界一受難が似合うパツキン〟の極め付きが血みどろ、傷だらけ、九死に一生のスマトラ沖地震実録作「インポッシブル」（12）だ。合言葉は、ツナミの破壊力よりナオミの生命力。今回これで、二十代1名、四十路3名を侍らせ、パツキンまみれ、パツキンざんまい。日本晴れの空に高らかに歌わん、（オバQ音頭の節で）♪パツキン音頭で、ドドンガ、ドン！

069 真木よう子メーンでいくはずが、急遽ラテ旬(?)!

当初は「さよなら渓谷」（13）の真木よう子が、カンヌ映画祭でパッキンに染めていて燃えたので、いいね。パッキン真木を!と、パッキンに戻ると見せかけて、ラティーナ方面へ（そんなフェイントに何の意味?）。純正黒髪よりもやっぱり毛色の違うのが好きな困った男です。これでも大学の第二外国語はスペイン語専攻。ラテン諸国で食いつめたらセニョリータとねんごろになって日本人をカモる〝不良外人〟になったろ、と考えた時期もあったんよ。

で、サルマ・ハエックと並ぶラテンの艶はペネロペ・クルスか。遅ればせながら観た両妃の〝夢の共演〟西部劇「バンディダス」（06・未）が、往年のB・B（ブリジット・バルドー）、C・C（クラウディア・カウディナーレ）共演の「華麗なる対決」（71）のように楽しかったっけ。ペネロペちゃんは、「ハモンハモン」（92）から20年、アレン翁の「ローマでアモーレ」（12）で間違って派遣されたコールガール役で、純情新婚男を翻弄し、変わらぬエロスを振りまく。ラティーナの肌に似合う悩殺小豆色下着姿がたまらん。

ラティーナには黒も似合うが、赤系も似合うね。「G.I.ジョー　バック2リベンジ」（13）

のエイドリアンヌ・パリッキはオハイオ生まれだが、見た目ラテンの血が何パーか入ってると睨んだ。黒のタンクトップに豪銃抱えてハイパー、ハンパねえ。一転真っ赤な胸開きドレスで迫りエロス、ハンパねえ。これまたごひいきラティーナの一人カーラ・グジーノと共演した「エロティクス　美しい女たち」（09・未）を題名にも惹かれて、観るべ！　タランティーノ、ロドリゲス調の「ギャングバスターズ」（12）のエヴァ・ロンゴリアはテキサス産だが、こちらは名前からしてラテン系確定か。ホットパンツにオレンジのキャミでならず者兄弟に近づく美女に適役。さすが自称〝素顔はテキサスのお転婆娘〟だね。凶暴な夫（ビリー・ボブ・ソーントン）に殺されかけたと、横っ腹に残る複数の弾痕を挑発的に見せるシーンで〝美女の疵《きず》〟フェチの血が騒ぐ。

テキサス産ラテン系なら「バレット」（12）のサラ・シャヒはイランとスペインのハーフ（厳密にはクォーター）。アンジェリーナ・ジョリーより派手なタトゥーの美女で、背中の豹か何かのシルエットのソレは舌でツンツクしたいほどセクシー！　今夏はキリッと旨いモヒート片手に、ラティーナの強めの牝臭に酔いたい。秋本商会は、キネ旬ならぬラテ旬（？）始めました。

070 公約通り、女優のみ。硬派から軟派、多数揃えて夏の女優祭り！

連載時の公約に殉じて、今回は男優には触れない。私は嘘は申しません（往年の池田勇人首相口調で）。本当は「エンド・オブ・ウォッチ」（12）のジェイク・ギレンホールがスキンヘッドでロス犯罪多発地区のポリスを演じて鳥肌が立つほどイイが、触れないったら触れない！

さあ、堰《せき》を切ったように女優でい。スキンヘッド男もエエが、GIカット女子もエエデ。「ワールド・ウォーZ」（13）で手首を切られても戦闘魂旺盛でZ（ゾンビ）相手に銃撃連射する美人兵士ダニエラ・ケルテスに燃えるものアリ。本来はブラピの妻役ミレイユ・イーノスがパツキンだし、とってもイーノス！　と言いたいのだが、役柄が大人しいのが難。ここはGIカットのダニエラだに！（TVドラマ『みんな！エスパーだよ！』（13）の夏帆の方言風に）。

で、ブラピの現実のパートナーだったアンジェリーナ・ジョリー様の初監督作「最愛の大地」（11）は彼女らしい硬派作。ボスニア・ヘルツェゴヴィナ紛争で敵味方の恋人たち、というとロミオとジュリエット的情緒が介入しそうだが、さにあらず。後半、恋人のもとに〝スパイ〟として舞い戻ってからの顚末が実にハード。ヒロインを演じる、実際にサラエボ生まれのザーナ・マリアノヴィッチは非パッキンだが、その覚悟を決めた表情が美しい。

ここからは、女優特盛り映画2本攻め。「ムービー43」（13）は3G［下品・下劣・下衆］映画だそうだが、3Gじゃあボクも年季入ってっど。ごひいき女優ちゃんたちがおバカやるコント集みたいなもん。くだらないのは百も承知で、女優イジリの快感で観るべし。ケイト・ウィンスレットが〝喉にタマキン男〟に悶絶したり、ナオミ・ワッツがクレイジーな教育ママを演じたり、ユマ・サーマンがスーパーマンの恋人ロイス役で合コンに闖入したり、パツキンご乱心の図が楽しい。一番心配したのは〝アソコにハバネロ〟など下衆ネタ上等、美顔崩壊シーンに喜々として挑むハリー・ベリー。お〜い、またラジー賞貰っちまうぞ。

こちらにもユマ・サーマンが出ている「スマイル、アゲイン」（13）もごひいき女優てんこ盛り。疎遠だった息子との距離を埋める元花形サッカー選手……なんて筋立てだけならスルーだが、元妻ジェシカ・ビール、誘惑する熟女たちを前出ユマにキャサリン・ゼタ＝ジョーンズとくりゃ見逃せない。偉大なり、女優の吸引力！ 特に、ユマ&キャサリンの四十路パワーがたまらん。

調子こいて、次回も女優オンリー、男無視。平成の池田勇人としては（？）私は嘘は申しません。

071 IMAX大画面を圧するアリス・イヴのド金髪ドアップを観よ！

担当のK嬢が「ジェシカ・ビール、リピート率高いですよね」と鋭い感想をポロリ。確かに。このジェシカとか、キッ子（ニコール・キッドマン）とか、夏帆とか、ヨー出てくるわい。まいど！

で、毎度といえばオルガ・キュリレンコもそのクチ。「故郷よ」（11）を皮切りに、2013年はやたら公開作が多くて余は満足じゃ。「オブリビオン」（13）でも作品を救っていたっけ。競馬ファンなら「競走馬みたいな題名」ときっと言うはずの「トゥ・ザ・ワンダー」（12）（トゥザグローリーとか著名馬多し）でも、彼女あらばこそ！　異郷の地で愛は永遠たるや否や、みたいな話自体に新味は乏しく、ひらすら映像美で目眩まされる。これもテレンス〝マジック〟か。まあマリック版「男と女」、ちょっとアートなクロード・ルルーシュ程度のシャシンと判定するが、オルガの苦吟する大柄な姿態と半開き唇の存在感が作品を救済する。ベン・アフレックの浮気相手レイチェル・マクアダムスもパツキン仕様でイイけど。何度でも言おう。キュリレンコ、キュリレンコ。これがホントのキュリ連呼！

リピートといえば、連載「カラダが目当て リターンズ」以前の09年9月下旬号で〝掘り出し物めっけ〟と推した「正義のゆくえ　I.C.E.特別捜査官」（09）のパッキン美女アリス・イヴがその後大出世、今やハリウッド大作の常連に。もうジャーマネ気分で嬉しさ百万ボルト！

「スター・トレック　イントゥ・ダークネス」（13）では、武器のエキスパートで高等物理学博士という新メンバーに扮して、父親にだってビンタを張る勝ち気な魅力を発揮する。シャリ子ことシャーリーズ・セロンにも似たキリリとした美貌に改めてクラクラすらぁ。江東区・木場のIMAXシアターの試写に馳せ参じたのだが、大画面を圧するドパッキン、アリス・イヴのドアップはエンタープライズ号の威容をも凌ぐほどで、思わず銀幕に飛び込みたくなったほど（アホ）。おまけに3Dなもんで、制服姿のアリスのバストの膨らみも立体的で、いやあ眼福、眼福！

本来なら最近〝ベネ様〟と呼ばれるそうなベネディクト・カンバーバッチのことも触れるのがスジだろうが、ホレ、「8月は女優のことしか書かない」宣言してるし。ベネ君はいずれの機会に。悪ィ。〝新スタ・トレ〟はJ.J.エイブラムスがアナログ志向順守の点が気に入った。足で蹴り飛ばして機械を直すし、決断は直感が頼り。最終最後は科学的じゃないのが、アリス・イヴのド金髪ドアップとともにアナログおやじを安堵させたぞ。

072 9月は〝オトコ旬報〟。男の顔の間に、でもネーちゃんも忍ばせて！

前回「オルガ・キュリ連呼」と書いたら、担当のK嬢がナイス反応。〝外国人、漢字で書いたら〟シリーズで「胡瓜蓮根」っていかがです？　とアテてきた。いかにも肉食系のキュリレンコを〝草食系〟に変幻させるとは、テキもシャレが分かるなあ。ボクもこれまで阿修羅・邪道（アシュレイ・ジャド）、美豪・猛転戦（ヴィゴ・モーテンセン）などとアテてきたが、負けてらんない。皆様もいかがか。

で、女優月間をしばし終わらせ、当商会も男女優登場機会均等法に前向きに善処すべく、少し男の顔に特化しよう。

俳優ではないが、ドキュメンタリー「メキシカン・スーツケース〈ロバート・キャパ〉とスペイン内戦の真実」（11）に映る伝説の写真家ロバート・キャパの横顔に惹かれた。十代のころ、彼の書を読んで以来、畏敬の念を抱いていたからだ。作品もスペイン内戦の真実に肉薄し興味津々。ミステリアスな題名に触発されて損はない。

男優の顔でいえば、やはり韓国映画の漢《おとこ》たちがスゴイ。「ベルリンファイル」（13）に続きハ・ジョンウがまたまた男を上げたのが「悪いやつら」（12）だ。ベテラン名優チェ・ミンシクとガップリ四つ。元悪徳税関職員と裏社会の若きボスとの連携と亀裂の80年代を描いて一級品だ。やっぱり映画はアウトローものに限る、韓国映画は男優に限る、か。

邦画だって〝男優の顔〟は負けてはいない。「共喰い」（13）は光石研の暴力的で、しょうもない父親像が鮮烈だ。善悪二刀流の名優だが、唾棄すべき男を演じる時の方が生き生きしている。主演の菅田将暉も〝父の忌まわしい血〟を拒絶しようと、まるでデビュー時の古尾谷雅人のように、拗ねた反逆的な眼を持つ若者を体現し、将来性を買うね。

と、男優に徹していればボクもイイ男なんだけど、それでもネーちゃんを忍ばせたくなるのは〝忌まわしい血〟かね。「共喰い」で父の愛人を演じる準ヒロイン・篠原友希子（現・篠原ゆき子）は、ロマンポルノ時の大谷直子や高橋惠子を彷彿とさせて刮目した。光石とも菅田とも情交する逆・親子丼（？）とはあっぱれ。その肉体はすえた匂いとともに光り輝く。篠原嬢、すでに三十路に入り、女体の黄金年齢ではないか。

パニオン好きとしては、彼女がイベントコンパニオン役で出ているだけで俄然観る気になった橋口亮輔監督の「ゼンタイ」（13）は意外に拾い物。全身タイツのマニア男女の素顔の日常における些細なストレスをオムニバス喜劇形式で描いて好センスだ。これで62分ポッキリ。世の長尺傾向に一石を投じて我が意を得たり！ しばらく〝オトコ旬報〟に徹するつもりだが、はてさて。

073 〝秋の熟女祭り〟はR40指定。ヴェラだ、ナオミだ、バルバラだ！

昔から19、20は洟垂《はなた》れ娘、と公言してきたが、今回に限っては30〜35も洟垂れ娘（本当はどストライク）と言っちまえ。何せ〝秋の熟女祭り〟と銘打ってR40指定。この際、往年のドント・トラスト・オーバー・サーティならぬドント・セレクト・アンダー・フォーティー！

まずは2013年8月にめでたく不惑を迎えたヴェラ・ファーミガ姐、やっぱ「マイレージ、マイライフ」（09）の〝裸にスッチー・エプロン〟の垂涎美尻が忘れられん。意外にも彼女、両親はウクライナ出身。というと、ミラ・ジョヴォを筆頭に聖林で隠然たる勢力を持つ（？）ウクライナ閥に入会資格十分だ。2つ年下の党首ミラを補佐する幹事長職として抜擢じゃ。そんなヴェラ姐が典型的〝悪魔の棲む家〟もの「死霊館」（13）で心霊学者役に挑んだ。別にコスプレでもないのに妙に衣裳がエロく見えるのは「マイレージ、マイライフ」の残像か。

一方、四十路半ばとなるナオミ・ワッツ姐は「ダイアナ」（13）で悲劇の元王妃を演じた。意外とオーソな作りなので、ボクには刺激臭が足らぬが、得意技〝薄幸のパッキン〟はナオミの専売特許だけに成りきっとるぞ。

で『熟女旬報』（うへっ、アダルト誌みたい）としての今号のメーンは「ハンナ・アーレント」（12）のバルバラ・スコヴァ大姐だろう。ナチス戦犯アイヒマン裁判レポートで、時にはユダヤ人団体からも非難されつつ〝悪の凡庸さ〟に警鐘を鳴らした女哲学者の所作と8分間スピーチの凄みはあたかもハードボイルド・ヒロインの如し。「ローザ・ルクセンブルク」（86）が代表作だろうが、あれから四半世紀強の年輪を重ね、見事にカッコいい六十路となった彼女の白髪交じりも僕にはプラチナブロンドに映るほど（本気か?）。60年代の話だし、ヘヴィスモーカー当たり前の描写で劇中スパスパの横顔もソー・クール！　でも、これもまた禁煙団体から非難の対象になるのだろうか。

最後は、五十路も抜かりなく。「カイロ・タイム～異邦人～」（09）のパトリシア・クラークソンはアラサー時「ダーティハリー5」（88）でハリーに毒づかれていた高ビーな美人レポーターが印象に残る。今世紀に入り安定した活躍ぶりがご同慶の至りだが、本作も一見「旅情」（55）を彷彿とさせるが、彼女が演じると〝大人の自己抑制〟がカマトトに映らぬから不思議だ。グリーンの胸開きドレスでカイロの街を闊歩し、地元の男どもに「ヤろうよ」と声かけられて満更でもない風情の五十路パツキンの〝触れなば落ちん〟の風情をガン見せよ！

合言葉は50、60喜んで！

074 後ろにブラ・ビ（ブラック・ビューティ）、前にラティーナ、左右にパツキン！

季節が秋なら何でもウマい。肉が旨い、魚が旨い、キノコも旨い。もちろん酒も旨い。「最近痩せたね」と数人に言われたので逆上して（？）ガンガン食ってプチ・メタボになってやる。で、女優の部の〝主食〟は当然パツキンなのだが、最近はラテやブラ・ビにも手を出し、バイキングの大皿状態。我ながら食い意地が張ってるねえ。

さて、パツキン代表はやっぱキャメっちでしょ。お下劣パツキンぶりはコメディだけじゃない。「悪の法則」（13）では「車とファックしたいわ」の悪女を淫熱演して作品を支配する。フロントガラスにノーパンT字大開脚で乗っかり悶《もだ》える喘《あえ》ぐの〝天下の淫景〟ぶりには口あんぐり。観よ、キャメっちの底力！　こういうメカフィリア（機械フェチ）は本当にいるらしく、アメリカで999台の車を抱いてキスして性交（射精）した男の話が、夕刊紙に載っていたっけ。

それにしても不惑の年を超えてもなお〝お下劣パツキン道〟を極めんとするキャメっちの蛮勇ぶりに直立不動最敬礼でぃあす。ボクも還暦を迎えたからといって円くなっちゃイカン。今後も〝お下劣道〟に専心したい。同映画ではラティーノのエロス女神ペネロペ・クルスも冒頭でマイケル・ファスベンダー相手にシーツの中で大奮闘！　クンニ攻撃にのけぞる表情がエロいが、ビミョーに完脱ぎはナシ。ソレをご所望の方は公開中の「ある愛へと続く旅」(12)でしっかり。やっぱペネロペは欧州映画では脱ぐ！　のデータは生きてまっせ。

出身地マドリードだからラティーナのはずの「ブエノスアイレス恋愛事情」(11)のピラール・ロペス・デ・アジャラも「シルビアのいる街で」(07)の時に目をつけた逸材だもの。あの〝シルビア〟が今度は南米の大都市に……と妄想させるほど彼女の一挙手一投足がミステリアス！

さて、ブラ・ビの代表格は美貌からいってもハリー・ベリーかな。作品選択に難ありの悪癖があるが「ザ・コール［緊急通報指令室］」(13)は掟破りのラストまで妙味たっぷりのサスペンス・スリラーで珍しくアタリの巻。911番オペレーターの彼女の一見ダサいグレーの半袖制服すらセクシーに映るから不思議だ。金言「後ろに柱、前に酒、左右に女、懐に金」に倣えば「後ろにブラ・ビ、前にラティーナ、左右にパツキン、懐にクロカミ」ってどや。いいねえ、さしずめ6Pだね。秋本商会出版部の社是として額に飾り、社員（いるんか）に毎朝唱えさせてやる！

075 〝ドボジョ〟美女モナハン、マーリング&余サマの〝やさぐれ感〟!

最近増加中の、工事現場や工務店で働く女子たちを〝ドボジョ(土木女子)〟と呼ぶそうな。スカジョ(スカーレット・ジョハンソン)もいいけどドボジョもね。元々ドレスより作業服美女に燃えるタイプなので大歓迎。サンドラ・ブロックに10年以上前に淫タビューした時に「趣味はリフォーム。それも壁ブッ壊したりの本格的な内装工事を自分でやるの」と答えてくれて惚れ直したっけ。

「ブラインド・フィアー」(12)のミシェル・モナハンにはサンドラと同じくガテンな匂いがする。この〝21世紀版・暗くなるまで待って〟を素敵に仕切り、元戦場カメラマンという設定にも説得力がある。冒頭の戦場でのいかつい迷彩服&ヘルメット姿に違和感ゼロの肢体が頼もしい。押し入った賊にガムテープ拘束&水責め拷問されるの図は、これがヘップバーン的華奢な女優だと痛々しくて正視できん。ガテンなモナハンだからこそ! クライマックス、欲に目のくらんだ賊の心理を逆手に〝ダイヤモンド○○作戦〟がお見事。映画自体もモナハンの肉体と同じく贅肉ゼロで85分ポッキリ延長ナシ。2時間遥かの冗長作がアホらしくなる。

で、邦画も100分以下の尺数で掘り出し物をさらに探すと、こちらも95分ポッキリと潔い「麦子さんと」（13）か。主演の堀北真希は、華奢に見えて実は片腕立て伏せも出来ちゃうようなガテン系だそうで少し見直した。そういえば「ALWAYS　三丁目の夕日」（05）の自動車工のツナギが似合ってたな。次はぜひ工事現場で赤灯振っている的な役に挑んで！

とはいえ、僕のお目当てはやっぱ余貴美子サマ。昔、田舎町でアイドルだったが、都会に出て来て失敗の連続で娘の家に転がり込む厄介な母親役の〝ヤサグレ感〟と寂寥感がたまらん。これは余サマにしか達せない境地だ。彼女自身も若い頃〝ハマのマリア〟と呼ばれ、ブイブイ言わせていた〝街のアイドル〟時代があったそうな。なるへそ。

パツキンで〝ドボジョ〟美女風なら「キング・オブ・マンハッタン　危険な賭け」（12）以来、ブリブリッとマーキングしてきた新星ブリット・マーリングが「ザ・イースト」（13）でなりふり構わない。環境テロ集団に潜入する元FBI役で、アジト入りする際にパツキンに染める設定が無条件にウレシイ。ゴールドマンサックスで投資アナリストやってた（単なるインターン？）という異色経歴の彼女だけに、作品選択も毎度骨っぽい。横顔の鼻筋がキリリとカッコいいし、ややタレ目、ぽってり唇も好み。硬派パツキン美女枠で、当商会〝特定銘柄〟！

076 シャロンに嗚呼、ケイトに食指、水崎綾女に快哉、ポールを再追悼！

惚れた女優は一生もん。それが国際的女優品定め業・秋本商会の矜持であり、社是でもある。

待望久しき、わがキム観音ベイシンガー菩薩様降臨作「リベンジ・マッチ」（13）は以降に大事にお取り置きするとして、かつてはキム観音様と比肩したシャロン・ストーンは「ラヴレース」（12）で伝説のポルノ女優の頑迷な母親役だ。それにしても往時のセックスシンボル女優が、エロス業界に手を染めた娘を嘆く役とは何と皮肉な！「氷の微笑2」（06）で腐れトマトぶつけ状態でもシャロン擁護の論陣を張った僕もさすがに今回、嗚呼！でも古人曰く〝毒を食らわばシャロンまで〟。このシャロン・スットコドッコイ、と思いつつ彼女の国選弁護人だ。

一方、主演のアマンダ・セイフレッドは珍しく非パッキン設定とはいえブンブン脱ぎでこの挑発的な実話を彩る。但し、エロ満載の「ディープ・スロート」（72）秘話ではなく、一種の告発作なので、襟を正してドウゾ。

告発といえば「リーガル・マインド　裏切りの法廷」（13）のケイト・ベッキンセールは

キム観音様にチョイ似顔が売り。名前も〝べっぴんセール〟って美女の大特売市みたいで(?)興奮するのは僕だけか。彼女は活劇や悪女もので大見得を切るより、養育権を失い、アルコール依存で、キャリア喪失、事件にも翻弄されまくりのこの弁護士役が似合う。その打ちひしがれた姿が、我が魂の暗部に少し存在するS心を刺激する。ドンデン返しも冴える拾い物で、♪べっきん、ベッキン、恋はベッキン! とオナッターズ『恋のバッキン!』調で久々に歌っちゃうゾ。

邦画女優で収穫は「赤×ピンク」(14)の水崎綾女《みさきあやめ》嬢か。「BUNGO」(12)の一篇や「ユダ」(13)の彼女も良かったが、今回の非合法地下格闘イベント女子ファイター役に快哉を叫んだ。ボンデージ衣裳にドパッキン! ってな挑発スタイルに秋本商会会長は秒殺でイチコロパンチョス。前出アマンダ嬢と同じく大粒の目ヂカラも高ポイントだ。

対照的に「地球防衛未亡人」(14)の壇蜜は敢えて脱ぎゼロ・着エロ勝負。このフェイントに「日本以外全部沈没」(06)の珍才河崎実監督の心意気を感じた。

今回は女優だらけにしようと思ったが、やはりもう一度ポール・ウォーカー追悼を!「ハリケーンアワー」(13)は単純活劇に見えて、実は異色作。ハリケーン禍の病院で寿命の切れかかった愛娘の保育器充電をどう維持するか、それだけで96分を持たせるとは、彼の底力を見た思い。気に入った男優も一生もん。だから、ポールを忘れないっ!

077 あえてビッチ、エロ女の汚名を着てアンバー、スカジョ、門脇麦！

還暦ヅラ下げても、凡夫俗徒ゆえ芸能ゴシップも別に嫌いじゃないよ。報道によりますと、ジョニ・デが〝糟糠の妻〟（ってヴァネッサ・パラディだろ。メディアのこの形容疑問）と離婚し、現在交際中（当時ね）なのがバイセクシャルのドパツキン、アンバー・ハードだとか。スカジョことスカーレット・ジョハンソンがフランス人ジャーナリストと婚約確定だとか。ドーでもいいような話に食いつく僕もとんだゲス野郎だ。

そんなゲスの汚名を着るように、あえてビッチ、エロ女の汚名も辞さぬ彼女たちを後方支援したい。アンバー嬢は「マチェーテ・キルズ」（13）で主人公の連絡係の野望ギラギラ、色気ムンムンのミスコン美女役だ。その悩殺光線は秋本商会の城が傾くほど。バイでも一向に構わん。きっと恋愛博愛主義なのだろう。ＮＧ集でミシェル・ロドリゲスとの決闘シーンでの「アソコ殴りってアリなの?!」ってアドリブが笑える。彼女たちだけでなくガンブラ（銃付きブラ）女からレディー・ガガまでビッチ系、エロ女系、猛女系てんこ盛り。つくづくロバート・ロドリゲス監督と趣味が合うなあと思ったら、あっ、監督、名前にちゃんと〝ゲス〟が入ってまっせ。なるへそ。

スカジョだって負けてない。「ドン・ジョン」（13）ではポルノ鑑賞好きのモテ男を人格改造し、尽くさせ、我慢させる家庭的堅実美女を涼しい顔で演じとる。こんな〝逆説的悪女（？）〟なんて野暮で損な役回りだし、素顔の彼女にも合わないと思うが、平気の平左。このへんがスカジョのスカジョたる所以だろう。

邦画で〝地味で真面目に見えて実はド淫乱〟の女子大生というスゴい役を、あえて汚名を着てでも、引き受けたのは「愛の渦」（14）の門脇麦。CM〝ガスの仮面〟のあの子が映画では大変なことになってます。圧巻の全裸乱交パーティー人間絵巻の中で、惜し気もなく完脱ぎしてパコパコ、ズンズンだもの。一見ダサいメガネ美人に映るが、スラリと通った鼻筋と、石原さとみもかくやのぷっくり唇がエロい。思わず〝ゲスの仮面〟を被り、麦嬢の奮闘を称え〝麦とホップ〟で乾杯（発泡酒じゃん。安っ）！

シメは、柄にもなく酒より珈琲で。小品佳作「コーヒーをめぐる冒険」（12）は不ヅキな青年を演じるトム・シリングが、往年のジャン＝ピエール・レオっぽくて微笑ましい。それでもパツキン探しに精を出す。見違えるような美人になって偶然再会する同級生役のフリーデリケ・ケンプター嬢が掘り出し物。ビッチとエロとパツキンに走り過ぎたので、最後はゲスな僕らしくもなく、珈琲一杯のほろ苦さを！

078 久々に、キム観音ベイシンガー菩薩様降臨！ 2大オヤジも子ども扱い

フィルムセンターでわが青春のクラウディア・カルディナーレ主演「恋人泥棒」（68）を再鑑賞。映画はC級だが、C・Cの肉体が超A級なのは不変なり。わが青春のイタリア女優でスゴい肉体といえば「黄金の七人」（65）のロッサナ・ポデスタが、昨年暮れに傘寿を前に逝去したが、来年喜寿を迎えるC・Cは「家族の灯り」（12）でも大健在。区切りの年など軽々乗り越えて！

一方、2013年12月8日に無事還暦をお迎えになられたのが、誰あろう、キム観音ベイシンガー菩薩様なるぞ。直立不動最敬礼。わが秋本商会では12・8は断じて「真珠湾攻撃の日」ではなく、永世女王様御生誕記念日と心得よ。トラ・トラ・トラ！　ならぬキム・キム・キム！　や。

久々に拝謁《はいえつ》の栄に浴し、汝臣民《なんじしんみん》・鉄次めを感涙至極たらしめた作品は「リベンジ・マッチ」（13）。このスタ吉対デニ蔵2大オヤジ遺恨ロートル拳闘対決を大いに楽しんだが、さすがの〝イタリアの種馬〟も〝怒れる牡牛〟も、キム様の後光の前には迷える子羊のごとし。何と美しい年齢の重ね方であろうか、相当メンテよろしき〝奇跡の60歳〟とはこのこと。ス

タ吉の元カノでデニ蔵が寝取った過去があるパツキン美女って役柄がサイコー。さしずめ〝デニ・スタ丼〟か。

そして、回想シーンで昔のキム様を演じるのが、昨年当欄でも取り上げた実娘アイアランド・ベイシンガー・ボールドウィン嬢とは、何とも理に適《かな》った配役！　その長身パツキン大柄美人（180センチ超）ぶりにキム様DNA超濃厚とみた。この銀幕デビューを機に、本格的に映画界入りすれば、ここに〝世界一美しい世襲〟が完成、と鉄次めは夢想しております。へへ〜。

このままキム様三昧とも思ったが、大柄パツキン美女繋がりでもう一人。「ワールズ・エンド　酔っぱらいが世界を救う！」（13）のロザムンド・パイクはどや。主要男優以上とおぼしき発達したタッパを駆使して酒場で珍々大暴れに惚れ惚れ。劇中、若いミニスカ・パツキン軍団が挑発するも、僕は断固三十路ロザ・パイ（勝手に略称。ワカパイ＝井上和香みたいな響き）一本！　映画自体も〝ハングオーバーもの〟の亜流調で始まり〝ボディ・スナッチャーもの〟の本流へと鮮やかにブッ飛んで、最終メッセージも大納得の巻。いわば〝ハング〜〟は野暮の魅力だが、こちらは小粋な味付けで、さすが「ラブ・アクチュアリー」（03）などのワーキング・タイトル社の社風かな。

今号の結論。たとえ「ワールズ・エンド」的に世界が〝終わって〟も、キム王朝は永遠に！

079 ブランシェットの豪州パツキン閥、濱田のり子の声、早見あかりの鼻！

ウクライナ情勢が緊迫する中、ミラ・ジョヴォヴィッチ、オルガ・キュリレンコら聖林〝ウクライナ閥〟の女優ちゃんたちは、今何を思うのか。ところで聖林にはもう一つ〝豪州閥〟もある、とボクは勝手に流布している。

代表はニコール・キッドマン、幹事長はナオミ・ワッツか。政調会長にはケイト・ブランシェットでどや。順に1967、68、69年生まれの〝年子〟だし、全てパツキンだし、と実に統制の取れた〝美しすぎる執行部〟やんけ。

そんな政調会長サマが実力を遺憾なく発揮したのが「ブルージャスミン」（13）だ。アレン翁の意地悪な人間観察演出にも磨きがかかるが、彼女も凄っ！　元セレブ夫人がしがみつく虚栄、虚飾。それを糊塗するために走る見苦しい現実逃避、妄想、虚言の数々。唾棄すべき女性像なのに、次第に可愛げと憐憫の情を感じさせるあたり、これでオスカー獲得の金看板も納得！

邦画で四十路を探せば「花と蛇　ZERO」（14）の濱田のり子か。エロス熟女好きとしてはアイドルユニットの頃より断然イイ。〝静子夫人〟然とした和の風情、何より少々鼻にかかった声がたまらん。パンフ用に淫タビューしてよけい感じたね。鈴木京香、鶴田真由と共に〝四十路艶声ユニット〟を結成して欲しいほど。

彼女、GW公開「はだかのくすりゆび」(14)でも〝奇跡の美乳〟を披露し、娘の見合い相手と深い仲になる人妻を熱艶。冒頭、全裸シャワーの独白からボクは淫声を妄想し、この際〝テレフォン〟でもオッケー! アホっ。

鼻にかかる声も好きだけど、そのものズバリ〝鼻フェチ〟でもある。「百瀬、こっちを向いて。」(14)で、冴えない同級生を〝嘘〟の恋愛で翻弄する早見あかりの鼻にご注目を。歩道橋で、学校の屋上で、映画館ロビーで、往年の欧米女優ばりに怜悧《れいり》&麗しの〝御鼻様〟が、時として後ろ姿から徐々に現出するサマは一種のスペクタクル。見事なカーブ、充実の小鼻に、百瀬ならぬ、早見、こっちを向いて! と言いたい(元来アイドル音痴なので、本作を観るまで彼女が元・ももクロなんて全然知らなんだ)。いっそ松雪泰子、北川景子と共に〝ノーズ美トリオ〟結成じゃ。

だが、しかし。早見っち(勝手に愛称で呼ぶな)はまだほんの19歳ぽっち(当時)。〝汝、20歳以下の女性・女優に一瞥も加えてはならぬ〟というわが戒律に抵触し、公言出来ない。同様だった武井咲は13年12月に成人し、晴れて公言可能となった。♪何と嬉しいポイント5倍〜、アホっ。

女優フェチにも色々。声フェチ、鼻フェチ、閾フェチ(?)……この道も奥が深いぞよ。

080 四十路俳優どもに加え、新進女優イモージェン、ひとみたちと酒盛り！

直前に四十路女優を肴に小宴したので、今回は裏を返して四十路男優どもと酒盛りだ。

ジェイソン〝信頼の四十路〟ステイサムは「ハミングバード」（12）でド派手活劇調を封印、戦場の幻覚に悩まされるホームレス男という特殊な役柄で〝世界一カッコいいハゲ〟の尊称新たに。前額部後退ヒーローの先輩格ニコラス・ケイジは五十路ホヤホヤだがまだ四十路で通じる。「トカレフ」（14）では元ギャングの経歴が愛娘の射殺体の遠因となる男親の悲哀がヒシヒシ。彼の後妻役が「P2」（07）でストーカー相手にド根性反撃パッキンOLを演じたごひいきレイチェル・ニコルズ。「G.I.ジョー」（09）では紅一点の燃える赤毛隊員に扮して大作の一翼を担ったが、今回は良妻賢母型でチト不満。せっかくドパッキンに戻したのに、円くなるのはまだ早いぞ、若いぞ、レイチェル！

新進女優でいえば「ポンペイ」（14）のエミリー・ブラウニングはお嬢様風で、むしろ準ヒロインの侍女ジェシカ・ルーカスのほうがアクティブで好みじゃ。少しラテンか、アフリカ入ってる？ のジェニ・ロペ的美貌もナイス。ここで密かに注目は四十路キーファー・サザーランド。〝24時間〟男が珍しく狡猾好色な絶対悪役の元老院議員を演じ、これが似合うの何の。まあ私生活でも悪名轟かしているから、案外適役か。

女優大注目は「ニード・フォー・スピード」（14）のイモージェン・プーツ。車の知識ハンパない美女で、主人公の車に同乗し、勇猛果敢、猪突猛進。でも意外や高所恐怖症で、ヘリで車ごと吊られる空中大脱出シーンで半ベソかくのがソソられる。名前がイモージェンでも、ジェンジェン〝イモ〟じゃない。ハクい、マブい、ドパツキン。そういえば共演陣の名に〝ドミニク（ド醜）〟、ロドリ〝ゲス（下種）〟と揃ったが、映画はクール！

スペイン製の同工異曲作「ワイルド・ルーザー」（13）のアドリアナ・ウガルテは美人度超抜、見事な完脱ぎ。モトは取れまっせ。

邦画では「捨てがたき人々」（14）の三十路、三輪ひとみが特一番。憧れい似の美貌だが、顔の痣《あざ》のせいでひっそり生きているヒロインを好演する。大森南朋との激しいからみで、典型的着痩せタイプの美豊乳がド～ン。僕は思わずひれ伏したね。

いかん、おっぱいはすでに解脱したはずだった。偽悪的、露悪的な主人公の彼女と好対照、大森南朋の脂ギッシュ（古い！）な贅肉裸体が説得力大で舌を巻いた。今や、彼こそ四十路男優の星だ！

四十路男優どもと新進女優ちゃん。これもまたオツな組み合わせで、実に酒が進みますなあ。

081 エヴァって脱いでエヴァ・グリーン、美乳がポロリザベス・オルセン！

「捨てがたき人々」（14）で三輪ひとみの美豊乳にひれ伏したと書いたが〝美豊乳対決〟に威風堂々なのが「300〈スリーハンドレッド〉帝国の進撃」（14）のエヴァ・グリーン。彼女は「ドリーマーズ」（03）で圧倒的バストを開帳済みだが、あれから10年、完熟の極み。いかん、おっぱいはすでに解脱したと、再三言っておろうが。喝。今回の彼女は勇猛残忍なペルシャ海軍の女傑アルテミシアをド迫力で演じ、わがM心を激しく揺さぶる。ギリシャの英雄に色仕掛けで迫り、美豊乳丸出しで首に剣を突き付ける。立ちマン&バックの濡れ場の激しさよ。エヴァ暴走中。もはや〝肉食系〟を超越して〝猛禽系〟だね。嗚呼、エヴァ将軍に斬られたい、喰われたい！　もう、いくらでもエヴァって（威張って）、グリグリーンしちくれい（アホ）。レオニダス王の妻を演じるレナ・ヘディも負けじと男勝り、肩フェチ垂涎肩幅にブラボー！

魅惑の肩幅といえば、日本代表は榮倉奈々。「わたしのハワイの歩きかた」（14）の見どころは観光スポットではなく、断然Aクラス（榮倉ス）のショルダー！　Sキャラなら「ラストミッション」（14）のアンバー・ハードもその名に恥じずハードS。余命わずかの老練スパイ、ケヴィン・コスナーを延命薬で操り、荒仕事を続行させる凄腕女エージェントだ。レザー衣裳に眩いパツキンがいかにも。コスナーの顎をつかみ「男なんて簡単」と地獄の微笑。「ザ・ウォード／監禁病棟」（10）以来ファンのボクなら、満身創痍で倒れるコスナーをピンヒールで跨ぐ彼女に、そのまま顔面騎乗させたけどね。

一方、完脱ぎの部は、夏には「GODZILLA　ゴジラ」（14）が控えるエリザベス・オルセンが前祝い気分（?）でお脱ぎなのが「オールド・ボーイ」（13）。後半ジョシュ・ブローリンとからみまくり、対面座位、M字開脚のあげく形良いバストがポロリザベス、しっかり脱いでオルセン！　今後知名度が上がったら〝お宝映像〟必至だぞ。彼女の分だけでも2003年の韓国版を超えたが、内容もこの再創造版のほうが断然イイ。韓国版チェ・ミンシクの肉体は何だか観念的だったが、こちらのジョシュの肉体は実存的で〝痛い〟。

詳しくは省くが、実は……テーマ的に意外と通底しそうなのが「私の男」（13）。二階堂ふみも奮戦してるが、ここでは浅野忠信の何を考えているのか不明のヌウッ～とした罰当たりな肉体を優先させたい。この時期の新作に主演した綾野剛、大森南朋、浅野忠信による揃いも揃って〝しょうもない〟男たちの不健全な肉体に宿るものを否定しきれぬ。2013年の小テーマとした。

082 形《なり》が大事、見た目でナンボ。美女戦士エミリー、邪悪な妖精アンジー

〝芸能人は歯がイノチ〟ならぬ秋本商会の社是は〝役者はカラダが目当て、見た目でナンボ〟。何せ会長（あっ、ボクか）が、形から入るタイプなもんで。

〝見た目〟なら、例えば「オール・ユー・ニード・イズ・キル」（14）でエミリー・ブラント演じる機動スーツ姿の最強美女戦士。最初はヘタレのトム・クルーズを叱咤特訓する。眩いパツキンと胸部にクロスする赤いラインがたまらん。すんまへん、金色と赤色に興奮する性質《タチ》で。熱演する彼女だが、タンクトップで腕立て伏せする生唾シーンにまだ華奢感アリ。もっと鍛えて「ステルス」（05）のジェシカ・ビールや「ドゥームズデイ」（08）のローナ・ミトラ級の屈強肩幅になるためエミリーよ、腕立て伏せ、あと千回！

〝見た目〟真打ちは、当然アンジェリーナ・ジョリー女王様。「ツーリスト」（10）以来、4年ぶりに銀幕でご拝謁、女優引退宣言もまことしやかな中〝邪悪な妖精〟役の「マレフィセント」（14）は『暴かれた秘密　アンジェリーナ・ジョリー』（ぴあ刊）にも詳しい自らの波乱の半生と重ね合わせて観ると興味深い。どアップに耐える濃い美貌で、漆黒の両翼一閃、宙空を翔び、屈強の兵どもを瞬時になぎ倒して圧巻。〝男なんてアテにならない？〟てな裏

テーマもアンジー様の肉体を通じてなら得心す。嗚呼、あの魅惑の〝角〟で鉄めはツンツクされとうござんす。

パッキンのオーロラ姫女優は如何ですか、と宣伝女子に聞かれ「16歳では手の施しようがない。アンジー一本」と即答す。

可愛い顔して実は〝バケモノ〟娘役の「渇き。」(14)の新人、小松菜奈も注目なのだろうが、まだ十代ぽっちじゃ食指動かず。ここは父親で元刑事役の役所広司の狂熱暴走演技に刮目しよう。最近偉い人、真摯な人の役が目立ったが、やっぱり彼の最高は「シャブ極道」(96)でしょ。食ってるしゃぶしゃぶにシャブぶち込んで「これが本当のシャブシャブシャブや！」と快哉を叫ぶ場面が懐かしい。今回も車中でシャブやる場面がしっかり。役所広司、まだまだ円くなっとらん、とひと安心した次第だ。

個性派男優といえば、ビリー・ボブ・ソーントン(アンジーの元旦那だ)ほか勢揃いの「パークランド　ケネディ暗殺、真実の4日間」(13)は出尽くし感の拭えぬＪＦＫ物だが、新たな切り口を模索する逸品。苦虫を噛み潰したような男らの貌の中、ＪＦＫ搬送病院のベテラン看護師マーシャ・ゲイ・ハーデンの冷静沈着な実務的面持ちが白眉か。

再び当商会、社是復唱。カラダが目当て、見た目でナンボ！

083 黒川芽以ふて腐れ顔がセクシー、メラニー&サラのパツキン裸体比べ!

♪すねたその瞳《め》が好きなのさ(by石原裕次郎『二人の世界』)とか、怒った顔もかわいいぜというセリフも使いたいが、思わず、君のふて腐れ顔がセクシー、とコクりたいのが黒川芽以である。ルックス的には瀬戸朝香か松たか子が少しカバチたれた風なのだが、これまたソソるのよ。超人気女優でも希有の主演作1カ月以内2本公開を〝黒川芽以月間〟と囃したい。過去、一番良かったのは「僕たちは世界を変えることができない。」(11)のデリヘル嬢かも。「私でいいの? チェンジありだよ」てな感じで、やる気あるんだかないんだか感を醸しつつ、悪印象は無いビミョーなさじ加減は〝黒川ニュアンス〟とも言うべき。

まず、日台合作「南風」(14)は、台北出発のサイクリング女子バディ・ムービーで、急造現地ガイドの元気娘(テレサ・チー)相手に〝ブス〟〝オバサン〟と罵り合いつつ取材旅行する好篇。来台直前に彼氏を年下女に奪われた上、元気娘がその年下女にクリソツだけに、終始、〝ふて腐れ顔〟が拝めるって寸法じゃ。

一方75歳の初監督たむらまさき作品「ドライブイン蒲生」(14)でも負けず劣らず〝ふて腐れ顔〟のフルスロットル。幼い娘を連れ、弟(染谷将太)の車に乗りDV夫と対峙する車中で去来するのは亡きロクデナシ親父（永瀬正敏）の件だ。「バカの家の子」と蔑まれ育ったヤサグレ感がセクシー。「ヤンキー役が念願だった」なんて、素敵すぎるぜ、黒川ちゃん。血の宿命を乗り越え、辿るヒロインにブラボー！　芽以、メイ、メェ〜って羊みたいに鳴いて喜んじゃうぞ。

　洋画の目玉は「複製された男」（13）でキマリ金時。ジェイク・ギレンホールは〝ふて腐れ顔〟ならぬ〝憂鬱顔〟がお見事。邪《よこしま》な潜在意識が生み出すエロチックで不条理な迷宮に嵌《は》まり込んだ男がガマのように脂汗を流す映画と見た。それを誘発するのは、近年ごひいきの仏産美形メラニー・ロランとクローネンバーグ映画常連のカナダ産美女サラ・ガドン。この圧倒的2大パッキン美女の見惚れる完脱ぎ裸体！　その〝めまい〟に酔え。

　パッキンといえば、今でもシャロン・ストーンは一応〝レジェンド〟枠。「ジゴロ・イン・ニューヨーク」（13）の3P願望の女医役は「ラヴレース」（12）の妄執母ほどシャロン・スットコドッコイではないが、やはり往時の輝きを求めては酷か。それでも毒も食らわばシャロンまで。

　93分、89分、90分、90分。偶然の産物とはいえ、今回紹介の4本全て90分前後で、どやっ。この際、秋本商会内に「映画を長尺から解放同盟」を立ち上げたい。

084 意外とブイブイ、ウィノナ&ケイト。もっとブイブイ、マルゲリータ・ブイ!

映画界で数少ない〝信頼の〟存在=ジェイソン・ステイサム。彼の〝快作率〟は田中マー君の勝率に近い。加えて共演女優の魅力度を押し上げる場合多々。

「バトルフロント」(13)も例に漏れず、麻薬業者の情婦役ウィノナ・ライダーは、かつてのアイドル女優だが、後の〝万引醜聞〟の烙印で一発退場かと思いきやサバイバル。今や四十路の貫禄十分で〝極妻〟仕様もお似合いだ。露出過多のケバい衣裳に身を包み、ヤバい仕事の過去をもち、車庫で情夫と挨拶代わりに(?)後背位でズッコン。ビッチ感丸出しでブラボー!

一方、麻薬業者の妹役で、子どものケンカに口を出すモンスター・ペアレントがケイト・ボスワース。弱腰な夫にキレまくり、ステイサムにガン飛ばし、煙草スパスパ。「マザー・ファッキン・プッシー!」などお下劣語連発、おまけにヤク中だもの。

元正統派ゴージャス系女優が悪女・猛女の領域に、って素敵だ。いい歳かっぱらって〝清純派〟よりよっぽど向上心を感じるね。米南部の湿地帯が背景なのもわがキム様の「ノー・マーシィ 非情の愛」(86)を彷彿とさせ、ボクの心身も湿地帯! ウィノナ&ケイトの意外なブイブイぶりに快哉を叫んだが、ブイといえば、その名もズバリのマルゲリータ・ブイ。もう20年以上も前、「殺意のサン・マルコ駅」（91）で受難のパッキン美女を演じた時「くぅ～、たまんねえイイ女だなあ」と指を銜《くわ》えたもんだ。すでに五十路超えだが「はじまりは5つ星ホテルから」（13）では四十路役。少々の年齢サバ読みがご愛嬌だったが、「ローマの教室で　我らの佳き日々」（12）では小規模な高校の堅実な校長役で、実年齢に相応しく、目元口元の小皺もだが、トイペの交換など雑用もこなす姿もまた好ましい。確かに好篇なのだが、パッキン美女に過剰なドラマ性を欲するボクには物足りなさも少々。その名の通り、もっとブイブイ言わせたれや、と唆《そその》かしたい。

同じことは、やや派手めだが楽しめたフィルム・ノワール「友よ、さらばと言おう」（14）のナディーン・ラバキー嬢にも通じる。監督主演作「キャラメル」（07）ではベイルートのエステサロンの〝女将〟役でブイブイ言わせていたのに、主人公の元妻で彩りのみとは宝の持ち腐れ。彫りの深いベイルート美人だけに、いずれ「マルセイユの決着《おとしまえ》」（07）のモニカ・ベルッチのようなノワールの妖花を演じて欲しい。

男性主導作で、ブイブイ言わせてこそ女優の矜持。♪チチン、ブイブイ！　そういえば、そんな栄養ドリンクのCMあったね。

085 今号は『オトコ旬報』と思ったが、スカジョが出てくりゃ前言撤回！

も〜暑くて〝跳ね跳ね死んじゃう日なたの泥鰌《どじょう》〟状態だが、盛夏には、ヤバいアツい街を餓狼のようにウロつくデカどものバディムービーがよく似合う。２０１３年の当商会洋画第2位は「エンド・オブ・ウォッチ」(12)。

２０１４年夏を担うのは「ケープタウン」(13)。同名邦題に74年作のシドニー・ポワチエ主演作があった、というと年バレか。南アが舞台の社会派サスペンスの共通項はあるが、面白さは今回が断然！

女と酒のド腐れ敏腕刑事オーランド・ブルームが寝る相手やストリッパーなど脇の女優ちゃんたちの脱ぎもイイが、ここは久々に『オトコ旬報』でい。ブルーム君も年々渋くなったが、誠実なベテラン相棒の〝鶴瓶似〟フォレスト・ウィテカーに思い入れたい。幼い頃の秘めたるトラウマが哀しい。砂漠の果てに黒幕を追いつめ、私怨を果たそうとする姿が凄絶。頭を垂れるね。

バディムービーでもう一丁頭を垂れたいのが、急逝ポール・ウォーカーの最後の主演完成作の「フルスロットル」(14)。潜入捜査官の彼がならず者ダヴィッド・ベルとともにビルからビルへと跳躍し、驚異の身体能力でブッちぎる神業アクションだ。マフィアの黒人ボス役RZAの〝普通ありえない、一種笑える〟身の振り方も含め、続篇アリとも思ったが、好漢ポールはすでに泉下……神よ、無情ですぞ。

と、神妙になってりゃいいのに、ベルの恋人役カタリーナ・ドゥニがもの凄キレイやんけ。ドゥニかして！　エヴァ・メンデス×石田えり的美貌で、ミサイルの横に鎖で囚われの図がソソられる。殺戮兵器×美女って歪んだエロスを誘発させるね。

一度ネエちゃんに火がつくと止まらない＝秋本商会の悪癖だ。〝フルスロ〟原案のリュック・ベッソン繋がりで、御大が監督した「LUCY　ルーシー」（14）がスカーレット・ジョハンソン主演じゃ前言撤回で、『オトコ旬報』もスカジョ一人に無条件〝幸福〟！

この作品〝脳の覚醒で急に強くなったパツキンネエちゃんのマフィア退治〟という単純な構造を超越して〝強い美女フェチ〟の御大の集大成となった。人類史、宇宙、神、未来へと飛躍し「2001年宇宙の旅」（68）の領域に。敢えて〝2014年LUCYの旅〟と呼びたい。

これだけ詰めこんで「90分ぽっきり延長なし明朗会計、スカジョ密着」だもの。約2時間半の先達よりもすでに偉い（マジかよ。たった今、全国数百万人の映画ファンを敵に回したぞ）。マザー・コンピューターのようなスカジョに平定される世界、たまらん。秋本商会は喜んで！

086 もう秋なのに〜波瑠VSハル（ハリー）、洋画パツキン対決も宜しく！

♪今はもう秋、誰もいない海〜、イイ年ぶっこいてセンチな歌、歌ってんじゃねえ、って。一応〝秋なのにハル対決〟って本筋のマクラのつもりなんだけどね。

かたや邦画は「がじまる食堂の恋」（14）の波瑠。先代のおばあを受け継ぎ、食堂を切り盛りするヒロインのスレ違い四角関係にさほど食指は動かぬが、波瑠の〝鼻フェチ〟垂涎の逸品に見惚れた次第。角度、中央部の盛り、鼻孔、小鼻、今年発見した中で「百瀬、こっちを向いて。」の早見あかり以来のお鼻様なり！　欲を言うと、ガテン女子フェチとしては、もっと調理場でなりふり構わずして欲しいのに、食堂描写のリアル感欠如が玉に瑕《きず》か。塩、胡椒、醤油飛び散る中、自慢の鼻に玉の汗で鍋を振るって「へい、チャンプルー一丁、お待ちぃ！」って威勢よくガナれば、波瑠目当てで通うのにィ。

こなた洋画は「フランキー&アリス」（10）のハル（キネ旬表記ではハリー）・ベリー。多重人格ものだが、ホラーやスリラーにせず、病理克服の実録ドラマにしたのが、製作兼任の彼女の意思表示だろう。人気ストリッパーが、自分の中にいる他人、それもゴリゴリの人種差別主義者と葛藤する話で凄み十分。時にラジー賞も貰っちゃう彼女だが、今回はオスカー受賞「チョコレート」（01）級の痛切な熱演で、2カ月特訓した冒頭のストリップダンスは完脱ぎナシでも48歳美BODYに免じ、おひねり！ 波瑠VSハル。敢えて白黒つけぬが、波瑠にもっと汚れ役を。

汚れといえば、初公開がめでたい幻のお宝ムービー「荒野の千鳥足」（71年製作）は相当にキタナ系。ビール痛飲、ギャンブル狂乱、エロ誘惑、カンガルー狩り。酒の勢いで魔が差す地獄に明日は我が身で冷や汗もの。ドナルド・プレザンスの汚・怪演はいっそ小気味良いほど。

口直しに、キレイなパツキン対決はいかが。2本とも〝家訓、血筋が及ぼす恋の行方〟が共通項か。こなた「バツイチは恋のはじまり」（12）のダイアン・クルーガー。あえてバツイチになるため、初婚は冴えない男と結ばれ即離婚のはずが……の一席。シリアス系が多いダイアンのラブコメは一寸調子がクルーガー？ てなことはなく、ウソから出たマコトのパターンで快調なり。

かたや「アバウト・タイム 愛おしい時間について」（13）でシャイな主人公が恋する自信なさげヒロインのキュートなレイチェル・マクアダムスを、と思わせて、狙いは主人公が撃沈する美女役マーゴット・ロビー。その絶世ドパツキンぶりに秋本商会イチコロパンチョス。今後はぜひ〝ロビー活動〟に勤しみたい。

087 完脱ぎエイリアン美女スカジョ、巨乳西部美女シャリ子にブラボー!

世界中から特選美女（特にパッキン）をお届けして四十年近く、国際的女優品定め業「秋本商会」としては今回〝上物〟獲れ獲れで大漁節のエンヤ〜トット。

まずは前出「LUCY ルーシー」（14）熱が醒めやらぬうちにスカジョことスカーレット・ジョハンソンは「アンダー・ザ・スキン 種の捕食」（13）でも地球を平定（?）たあ凄い。100％脳発動美女の次はエイリアン美女へ。「スペースバンパイア」（85）のマチルダ・メイ、「花嫁はエイリアン」（88）のキム観音ベイシンガー菩薩様、「メン・イン・ブラック2」（02）のララ・フリン・ボイルなど今も昔もこのタイプにゃてんで弱い秋本商会は「おお、くれたる、くれたる。地球ごとくれたる」と山守親分口調で無条件〝幸福〟だもの。

おまけに今度のスカジョたるやマチルダ・メイ級の全裸モードで男を捕食だもの。スカジョは私生活のヌード流出で憤慨し「だったら映画で脱いじゃうわよ」と半ヤケかも知れんが、広い肩幅、胸・腰・尻が凹凸極めたダイナマイトボディは肉体の勝利。ついでに本当に〝ひと肌脱いで〟題名に偽りなしもプチ仰天。「今回パッキンじゃないですが……」と恐る恐るの宣伝女子に「黒髪だってスカジョはスカジョ」と即答しておいた。ブラボー火星人、じゃなかった、ブラボー、エイリアン美女！
一方、今回もドパッキンで勝負してくれるのが「荒野はつらいよ　アリゾナより愛をこめて」（14）のシャリ子ことシャーリーズ・セロン。「テッド」（12）のセス・マクファーレンが扮するヘタレ男に射撃コーチする巨乳で鉄火肌のワケあり西部女って設定にイチコロ。天下のオスカー女優様がこんなお下品でアホなパロディ西部劇に嬉々として出るなんて惚れ直したぜ、シャリ子。カウボーイハットからたなびくドパッキンに思わずリオ・ブラボー！（何のこっちゃ）
秋のヤマザキパン祭りじゃないパッキン祭りを続けよう。急逝フィリップ・シーモア・ホフマンの〝変態〟ではないハードボイルドなキャラを語りたいスパイ映画「誰よりも狙われた男」（13）だが、行動力あふれる人権団体弁護士レイチェル・マクアダムスや、主人公の頼れる敏腕スタッフのニーナ・ホスに目移りするのが当商会らしさ。「人間、らしさを失ってはいかん」と「けんかえれじい」（66）でも言っておろうが。かんらからから。特にホスちゃんなんか当欄でも取り上げた「東ベルリンから来た女」（12）以来で、裏を返して、もうお馴染みさん。スカジョ、シャリ子、ホスちゃん、勝手に源氏名つけてゴメンね！

088 鈴木砂羽のデビュー時彷彿の瀧内公美は、門脇麦と新人賞争いか？

私事で恐縮ですが、某DVD誌でアメ・パツに特化した「金髪USA」という連載をこの当時始めていた。それにしてもメチャダイレクトなコラム名。ま、「カラダが目当て」も相当直截だけど。今後とも〝カラダ〟と〝金髪〟の秋本商会をよろしく。

で、流れ的に〝パツキン特集〟と思わせて、パの字も出さず、前菜に韓国男優はいかが。「泣く男」（14）はチャン・ドンゴンが心理的葛藤極まる殺し屋に扮し、アパートの1〜3階フル使用の立体的銃撃戦などのアクションも含め凄絶の一語。やっぱり韓国映画はオトコでもつね。

メーンディッシュも〝和もの〟でフェイント（このパターンって最近バレバレ？）。一発で気に入ったのが「グレイトフルデッド」（14）で主演デビューの瀧内公美嬢。孤独に育ち、心が歪み、唯一最大の趣味は〝妖怪ウォッチ〟、もとい〝孤独ウォッチ〟で、孤独死寸前の独居老人（笹野高史）を観察し始める……という異形のヒロイン。暗い個性の役柄なのに、どこか豪快さを感じるのが大器の予感。タッパがあって、野性的な美貌も、どストライク。オーディションの際〝脱ぎます〟〝やります〟を連呼し、実際、笹野爺を堂々の〝逆レイプ〟で完脱ぎ・騎乗位だもの。内田英治監督の「ギラギラと野良犬みたいだった」という起用の弁が、我が意を得たり。行け行け、野良犬女優！（褒め言葉）

そんな瀧内嬢の威容に、脱ぎっぷりの良さも含め、「愛の新世界」（94）で鮮烈デビューした頃の鈴木砂羽を想起したほど。以来ずっと〝砂羽ウォッチャー〟の私だが、この際〝瀧内ウォッチャー〟にもなっちゃおかな。

2014年度のわが新人女優ステークスは門脇麦に内定していたが（キネ旬の規定に入る？）、最終便で大外一気に瀧内が躍り出て、門脇を急追。ゴール前、首の上げ下げ、どっちだっ？の世界。「愛の渦」（14）「闇金ウシジマくん Part2」（14）とブッチ切りだった門脇嬢の秋の新作は「シャンティ デイズ 365日、幸せな呼吸」（14）。前記2作の、あられもないドロドロの役柄と打って変わって、今度はハートフルなのが逆に珍しい。ヨガPR臭（劇中、5分間のヨガタイムが入り、観客にも瞑想させるのにはビックリ）も何のその、麦ちゃんたら家出上京の津軽娘をダサダサに演じ、強烈な津軽弁（字幕付き！）も操り、ルックスもボディも一流の、共演・道端ジェシカと対比するが如く〝あえてブスの汚名を着る〟あたりの女優魂もあっぱれ。

本年度わが新人女優ステークスはカドムギVSタキクミ（勝手に略すな）一本勝負でどやっ！

089 男の〝エクスペ〟同様、女の〝エクスペ〟もね。安藤サクラも宜しく

2014年12月にビデオストレートで出た「エクスペンダブル・レディズ」(14・未)を目ざとくロックオン。何せ元スタローン妻ブリジット・ニールセン、元女ターミネーターのクリスタナ・ローケンら当商会好みのケバ・ツオ・パツキンが〝いいものゴロゴロ〟状態。ぬけぬけと「エクスペンダブルズ」(10)の裏メニュー的なこのB級ヒロイン活劇は大いに楽しめた。特に三十年一日の如しの悪女ボス、ニールセンの健在ぶりが嬉しいね。実質主役はゾーイ・ベルだが、ローケン対ニールセンの機上パツキン死闘はたまらん!

一方、本家の「エクスペンダブルズ3　ワールドミッション」(14)もスタローン大将の号令一下、今回はメル・ギブにハリソンまで集めシリーズ一番の出来と判定する。そろそろネエちゃんも欲しいや、と思ったら、すかさず往年のウルスラ・アンドレス的肉食系パッキン、ロンダ・ラウジー嬢を参戦させるスタ名采配ズバリ。巷間ミラ・ジョヴォやキャメっちで〝The ExpendaBelles〟(消耗品美女たち?)が企画進行中(今でも具体化しないのは、ガセだったのか?)とか。男も女も〝エクスペ〟だいっ。

クセ者勢揃い映画でいうなら「ガンズ&ゴールド」(13)は約5億円の金塊争奪アクション。

主演のユアン・マクレガーは「普通じゃない」（97）でキャメっちに、「氷の接吻」（99）でアシュレー・ジャドに翻弄されるヘタレ役好演のイメージがあるせいか、今回の髭ヅラで強盗のプロ役は少し新鮮。若く見えてももう四十路か。血気の若手に犯罪指南する年か、と思うと感無量。いずれ〝エクスペ〟入りしような。

和風〝エクスペ〟的だし、こっちは金塊25億円と5倍増なのがVシネ25周年映画「25NIJYU－GO」（14）。哀川翔や寺島進ら〝Vシネ帝王&個性派〟勢揃いの狂宴がナイス。高岡早紀、岩佐真悠子が金&色欲美女役で魅せてくれるが、実は温水洋一が一番の儲け役だ。同じく東映ビデオ製作の「花宵道中」（14）では脇の津田寛治がスケベ度で温水に対抗（?）。織物問屋の旦那に扮し、金で縛った安達祐実を裸に剝いて見世物扱いにし〝二人羽織〟と称してバックから羞恥責めほか落花狼藉のヒヒオヤジぶりがあっぱれ。

脇役男優なら「0・5ミリ」（14）の意外な名演・坂田利夫やベテランの底力・津川雅彦が老齢パワーを発揮する。無論ヒロイン、安藤サクラの〝さすらいのヘルパー〟ぶりは近年出色のキャラ。ただし、誰も言わないので敢えて苦言を呈するが、やはり長い。最後のエピソードは大蛇足。津川氏の話まででスパッと終われば文句なしだったのにィ。安藤サクラに関しては同時期公開の「百円の恋」（14）がさらにブラボーだが、詳細は別の機会に、乞うご期待！

090 北欧、英国パッキン巡り、欧州戦線を経て、本国のグラマー詣で！

フィギュアGP《グランプリ》をボケッと観ていて、突如ムクッと起き上がりガン見したのが、スウェーデンのヴィクトリア・ヘルゲソン。ゴツめケバめの北欧パッキン美女で若い頃のブリジット・ニールセン（隣国産）似じゃん。ビジュアル的に最高得点は彼女と勝手に決めたのに、5位以下に瞬殺された。どうもわが趣味は昔から主流派を成さんなあ。

悔しいので、スウェーデンから北海を一跨ぎして英国産パッキンに高得点あげたろ。「ランナーランナー」（13）のごひいきジェマ・アータートンは正月作「ゴーン・ガール」（14）のロザムンド・パイクと〝英国金髪タワーズ〟（当商会命名）を形成する特定銘柄のノッポ美女。ところで、この2本ともベン・アフレックが出演なのは偶然か。〝UK金髪〟のハシゴたあ羨ましい。一人こっちに回せや。オンラインカジノを題材にし、新手詐欺を逆手に取る大博打映画の中、ジェマちゃんたらカジノ王のビジネス相方で主人公を翻弄する謎の美女を演じセクシー一番。〝英国金髪タワーズ〟シーズン最高潮！

休む間もなく英国からノルマンディ海岸に上陸し、突如45年欧州戦線にタイムワープしたと思いねえ。〝女は乗せない戦車隊〟映画「フューリー」（14）に参戦するのも一興か。幼少時に観た「バルジ大作戦」(65)以降、戦車映画に燃えるタチだけにリキが入らあ。ブラ・ピは「イングロリアス・バスターズ」(09)ほどご気楽にならず、このシリアスな戦争物では微妙な陰影を含ませる。最前線の地獄で闘う者の覚悟が彼の刈り上げ頭に宿る。時に「独立愚連隊」(59)の佐藤允や「ワイルドバンチ」(69)のウィリアム・ホールデンをも想起させ、ラジャー!

とはいえ、シャバッ気が抜けないタチなので、欧州戦線からはサッサと退却、母国に上陸し、邦画グラマー熟美女軍に突撃一番、トラ・トラ・トラ! まずはごひいき・嘉門洋子嬢、続いてご愛顧・水谷ケイ嬢へ、ベン・アフに負けじとハシゴしたろ。

レジェンド・ピクチャーズの連作〝ラブストーリーズ〟「農家の嫁 三十五歳、スカートの風」(12)はテンに入れたほど気に入った。その洋子嬢が同じ金田敬監督で放つ「愛の果実」(14)も、ケイ嬢による〝農家〟シリーズ新作「農家の嫁 あなたに逢いたくて」(14)もほのぼの調日本的情緒が魅力。両嬢のウェットな裸体も活かされ、実際はさほど高身長でなくとも醸し出される〝大柄感〟が僕にはゴチソウ。

英国金髪タワーズも、邦画大柄感グラマー熟美女軍も、同時に愛でたい師走かな。欲張りめ。

091 ジェシカ、ヴェラらパッキン三昧！でも黒髪も少々

毎度バカバカしい拙著を宜しく。当商会の社是は、いつでもどこでもパッキン三昧。やっぱり。

2014年暮れに紹介しそびれた「私の恋活ダイアリー」（14）は七十路パッキン大熟女ニリ・タルの監督・主演のドキュメンタリー。そのアグレッシブな〝恋活〟ぶりがイタいどころか、見上げたもんだ、とチャーミングに映るのがお値打ち。見た目を装い、恋活遍歴を繰り返す。まるで「セックス・アンド・ザ・シティ」（08）のキム・キャトラルみたい。それで原題が〝Sixty and the City〟か。なるへそ。そんなシャレが映画に活きている。女性は還暦迎えてますます元気、は世界共通項のようだ。男も負けじと頑張りましょうぞ。ご同輩。

熟女パッキンでいえば、ご愛顧四十路ヴェラ・ファーミガが「ジャッジ　裁かれる判事」（14）で弁護士ロバート・ダウニー・Jr.が都会に出た後も、20年ずっと田舎町に住むダイナー勤務の元カノを演じて実にイイ味。彼に対し辛辣な批評をしたり、突然彼の口に指を入れてポコッと音を出すのも素敵。こんなイイ女どうして棄てたんだ、と思わせる風情がヴェラ姐御の真骨頂さ。

三十路パッキンなら「シン・シティ　復讐の女神」（14）のジェシカ・アルバ（地毛は非金髪なれど、映画ではプラチナブロンドで踊る）。往年のラクエル・ウェルチに匹敵するおヘソ美がたまらん。復讐の鬼と化し、金髪をズタ切り、顔にも傷を刻み、酒をガブ呑みし気合をつけ、クロスボウ手に〝死んで貰います〟とばかりに殴り込むの図は「ヨオシ！」と声をかけたいほど。

と、パッキンで徹せればいいのだが、やっぱ黒髪もね。同作でジェシカと対峙する三十路黒髪エヴァ・グリーンは「300〈スリーハンドレッド〉帝国の進撃」（14）に続く極悪美女役。今回も〝脱ぎ魔〟ぶりを発揮し、風呂場で重力に負け気味の超巨乳を惜しげもなく。あの垂れ具合がイイんだよ、とエヴァ好きの悪友がほざいた。僕はおっぱいは既に解脱しており、狙いはジェシカのヘソ！

エヴァ同様元ボンドガール三十路黒髪は「007／慰めの報酬」（08）以来ごひいきオルガ・キュリレンコが「スパイ・レジェンド」（14）で元ボンド俳優ピアース・ブロスナンと組むのも奇縁か。追撃から逃れるヒロインで、茶髪ボブも似合うがやっぱ圧倒的肩幅とブロスナンにも伍する大柄ノッポぶりにクラクラ！

女体パーツに淫すれば「アゲイン　28年目の甲子園」（15）の波瑠のノーズ美。フェチに染まれば「神様はバリにいる」（15）の尾野真千子の安全第一ヘルメットのガテン姿も愛でたい……いかん、また女優食い散らかし病だぁ。

092 祝！キャメっち御成婚記

ややI旧聞に属するが、キャメっちこと、秋本商会特定銘柄パツキン女優、キャメロン・ディアスが、2015年1月に御成婚でぃあす。

歌手のジャスティン・ティンバーレイクやNYヤンキースのA・ロッドらと浮名を流した〝恋多き女〟も42歳で遂に年貢、お相手は7歳年下のギタリスト、ベンジー・マッデンとか。どうせ速攻離婚さ、とも噂されるが、僕は意外と長続き、と見立てたい。知名度の劣る年下ギタリストと結婚後長続きのトップ女優の例では、わが松坂慶子サマもいるではないか。吉兆、吉兆。ともあれ、今回は当商会独断で〝キャメっち御成婚記念号〟と銘打った。キネ旬ならぬ〝キャメ旬〟ですな。

彼女が出てなきゃ絶対観なかった「ANNIE アニー」(14)のイジワル役も82年作とは違うキャメっちらしさ全開で楽しめた。

記念号なら当然パツキン女優埋め尽くしが筋だが、タマがないんじゃ。タマが！ だいたい「アメリカン・スナイパー」(14)の〝銃後の妻〟シエナ・ミラーは本来パツキンなのに、役柄上なのかブルネットだし。作品的には昨今〝盆栽いじり〟してると思った御大が、どっこいイーストウッド節、健在なり。「ハートブレイク・リッジ／勝利の戦場」（86）をまた観たくなった。

パッキンの出番がなきゃ、いっそ邦画女優固めでいこうか。

まず、榮倉奈々は〝肩〟だけでなく〝脚〟もAクラ（榮倉）スであることが証明された「娚《おとこ》の一生」（15）。これは〝脚フェチ〟御用達映画の極みだ。

続いて、最初は奇異に映る高良健吾の〝悼む姿〟が次第に崇高になってゆく「悼む人」（15）はお弔いジャンルの中でも、シビアな命題を突き付け、15年1月公開の洋画「おみおくりの作法」（13）とも呼応する。受難のヒロイン、石田ゆり子は、若い頃より四十路の現在のほうが俄然ソソられる。三浦友和との「死にゆく妻との旅路」（11）や昨年の永作博美とのNHKドラマ『さよなら私』（14）もすごく良かった。今が最盛期か。今回も一見危うく脆く、井浦新との濡れ場も痛々しさが先に立つが、同時にこの役柄に彼女が本来持つ芯の強さも感じた。

最近何かと脚光の二階堂ふみだが、やっと成人したのでコメントを。「味園ユニバース」（15）の下町ネエちゃんは意外と似合う。発達した太股のムチムチ感をキープしてあと5年寝かせるとイイ感じか。それより昔からタイプの鈴木紗理奈が、前半イイ感じだったのに、後半出番ナシとは不満。嗚呼、紗理奈嬢にコテコテの大阪弁で「アホ、ボケ！」と罵倒されたい。何を隠そう、ボクは〝美女の大阪弁フェチ〟でもあったのだ！　しょうもな。

093 サスペンス、ホラーのパツキン美女!? ベテラン男優の良い仕事もね

昨今、暗澹たるニュースばかりなので無理くり明るい話題を。2015年1月のキャメロン・ディアスに続いて、この年はごひいきアンバー・ハードがジョニ・デと正式結婚（のち離婚）。かつてのニコール・キッドマンのように、人気男優を踏み台に、上れ！ハリウッド野望の階段、って秋本商会は、芸能ゴシップ誌でも出すつもりか。

さて本題。黒い金ネコババ巻き込まれサスペンス「パーフェクト・プラン」（13）の美人妻ケイト・ハドソンは母ゴールディ・ホーンという良血。パツキンで美尻というDNAが色濃いことが、シャワー・シーンで確認できる。母上も「結婚しない族」（82）でシャワー名場面アリ、「バード・オン・ワイヤー」（90）では梯子シーンで下から覗き込むメル・ギブが天下のゴールディ美尻に舌なめずりしてたっけ。

調子こいてパツキンを続けると「アナベル 死霊館の人形」（14）のアナベル・ウォーリス（題名と同じ名は偶然とか）はナオミ・ワッツ系正統派美女。やや華奢、小柄感があるせいか、男の嗜虐《しぎゃく》心をくすぐるMっ気パツキン？ ほとんど抵抗、反撃もなく呪いの人形に翻弄される人妻ぶりは新・絶叫クイーン襲名か。オラオラ、お前の悲鳴が何よりのご馳走だあ、って、

〝ゲスの極みオヤジ。〟（まさか、ここまでゲスブレイクするとは！）で、すみません。

少し硬派に軌道修正して、男優に目線を。カー活劇「ドライブ・ハード」（14）のジョン・キューザックは、彼が10代の「シュア・シング」（85）の頃から観続けているが、近年は個性派中年に見事変貌。今回も爽快で凄腕の強盗犯役で、逃亡車を運転させられるハメの教習所員とのバディ・ムービーを快走させる。

もっと渋いベテラン男優を挙げれば「パリよ、永遠に」（14）で、パリ焦土計画阻止の駆け引きを行う中立国スウェーデンの総領事役アンドレ・デュソリエ、ドイツ軍パリ防衛司令官役ニエル・アレストリュプか。往年の「パリは燃えているか」（66）ではオーソン・ウェルズ、ゲルト・フレーベが演じた一挿話を83分に手際よくまとめたフォルカー・シュレンドルフ監督は70代後半でも腕に年はとらせないね。

ベテランの良い仕事を観た反動か、一気に平均年齢急降下。何かの気の迷い（？）で立ち寄ったのがももいろクローバーZ主演「幕が上がる」（15）。演劇部女子の奮闘を描いて、今時真っ当すぎるほど真っ当な青春映画で、現代のはずなのに、スマホもPCも殆ど登場せず、教育問題、親子問題も発生しない。あえて外して純粋特化した本広克行監督の潔さは買う。でも未だ、ももクロの誰が誰だが判別不能。こんなオヤジで、すみません。

094 チェン・ダオミン繋がりで2本、〃イモ〃繋がり(?)でまた2本

渋谷の某試写室裏に佇む馴染みの呑み屋が実は２０１５年3月の今日（20日）、創業40年で幕を閉じる。「もうお店も〃定年〃よ」との女将《おかみ》の声に苦笑いしながら飲むキリンのほろ苦さ。妙な感傷を敢えて封印するのが〃ラスト・ショー〃の作法と心得た。映画を観よう。

女優目当てで観たら、男優が意外とイイ場合もある。「傷だらけのふたり」（14）はチンピラと堅気ＯＬの〃泥だらけの純情〃作。チラ見した韓国ドラマ『朱蒙〔チュモン〕』（06）の鋭角的美貌のハン・ヘジン狙いの予定が、チンピラ顔が絶妙のファン・ジョンミンを褒めたい。実年齢が四十路半ばなのに、醸し出す貫禄の無さ、親分肌ならぬ〃子分肌〃がハンパねえ。「新しき世界」（13）では犯罪組織ナンバー2役だったのにね。

チャン・イーモウ監督の「妻への家路」（14）も、あのぽってり感保持のまま五十路が魅力で、中国女優では珍しく長年ごひいきコン・リー目当てだったが、彼女以上に相手役のチェン・ダオミンに感服した次第だ。彼は〃3・11〃で公開延期となり、4年の時を経て封印が解かれた「唐山大地震」（10）にも出演しており、奇しくも2週連続日本公開とは、さな

がらこの月は〝ダオミン月間〟の様相を呈している。
「唐山大地震」では幼いヒロインの慈愛溢れる養父、「妻への家路」は夫の記憶だけを失った妻に寄り添い、何とか記憶回復を図ろうとする夫を静かに熱演。「唐山大地震」の養父役はまだ力強さがあったが、こちらは20年の空白を取り戻せない諦念にも似た心情を疲労の色濃き貌《かお》に滲ませる。クライマックス、駅のシーンでの彼の表情に落涙寸前。長年映画を観てきたが、〝男の貌〟に泣かされたのは初かも。単に当方の加齢由来の涙もろさ、との説もあるが。

と、しんみりしてりゃイイものを、ダオミン繋がりの次の繋がりを無理くり作りたがるのが悪い癖。「妻への家路」からジミ・ヘンの伝記映画「JIMI：栄光への軌跡」（13）へ。一体何の繋がり？ というとヘッヘッへ、〝イモ〟繋がりでやんす。チャン〝イ～モ〟から、〝イモ〟ージェン・プーツへ。キース・リチャーズのGF《ガールフレンド》からジミ・ヘン発掘の立役者となるヒロイン。グルーピーの域を超え、60年代の先駆者ともいえる女性像を好演だい。「ニード・フォー・スピード」（04）のスピード狂パッキン美女役で惚れたっけ。今回は黒髪モードだが、これも了解。名前に〝イモ〟も〝プー〟も入っているけど、じぇんじぇんイモじゃない、プーじゃない。若いころの野川由美子的セクシーな猫顔なのもナイス。映画の題名は〝JIMI〟でも、中身は決して〝地味〟じゃないよ。

095 オヤジギャグ問題について考えながら、ドキュメンタリーに偏る

オヤジギャグ垂れ流しで終わった前回、今回は〝脳内ポイズンベリー〟的「秋本商会」内で緊急会議招集！　議題は〝少し前の車のCMで、憂い顔の若い美女の「オヤジギャグって悲しくなるんですね」発言問題〟って、長っ！　ギャグ厳禁派と容認派で脳内が（久美子社長と実父の元社長の骨肉の争いがマスコミを賑わせた）大塚家具並みに紛糾、会議は踊る。結局、「秋本商会」会長の鶴の一声「バニーちゃんの店でも行って聞き取り調査すっか」で玉虫色決着……大丈夫か、この会社。

文壇バー中心のドキュメントドラマ「酒中日記」（15）で〝ニュー東京タワー〟を〝乳頭、今日立ったワ～〟というギャグを、進行役のエッセイスト・坪内祐三がスルーしちゃう。会話がビミョーに嚙み合わないのが笑える。まあ呑み屋の会話なんてそんなもん。内藤誠監督の即興精神は「不良番長　送り狼」（69）以来不変であった。唐突に女子プロレスラー、尾崎魔弓の話題で盛り上がったりもする。

女子プロ、安川惡斗のドキュメント「がむしゃら」（15）は完成後の試合中にプロレスの範疇を超えた相手の攻撃で〝顔面崩壊〟したことでマスコミの好餌《こうじ》となったが、彼女の逆境

人生が真摯に語られる。〝悪の女優魂〟のキャッチ通り、日本映画学校出身で、女優キャリアも積んだが、女子プロに転身した異色の経歴。〝顔面崩壊〟の試合相手、世Ⅳ虎《よしこ》とのファイト場面もあり、緊張もしたが、主題は当然そこにあらず。〝負の青春〟を克己せんとする彼女の魂の叫び一つ一つにある。百の理屈より本作の方が、よほど教育現場に役立ちそう。高原秀和監督の惡斗嬢への無償の〝愛〟も感じた。惡斗、世Ⅳ虎、双方の再起を祈りたい。

　こう見えてもドキュメントは好きなほう。「皆殺しのバラッド　メキシコ麻薬戦争の光と闇」（13）は単に麻薬告発に終わらぬ〝根っこ〟を掘り下げて秀逸で、劇映画「トラフィック」（00）を軽く凌駕する。と、ドキュメント固めしてりゃ、ボクも偉いんだが、シメはネーちゃん！

「エイプリルフールズ」（15）は古沢良太脚本だが、テレビ『リーガル・ハイ』（12）『デート～恋とはどんなものかしら～』（15）ほどにはハマらないのが少々残念。注目は魔性のCA役の菜々緒かね。演技力はともかくケバい役が〝柄で似合う〟のがイイ。あの「うそぴょ～ん」はヨカッタ。「白ゆき姫殺人事件」（14）で便利使いされてもメゲないのが立派。東スポに〝寝相の悪さと寝言癖〟〝ニューハーフ顔〟〝潔癖症〟が災いして3年も彼氏レス、と書き飛ばされてやんの。ボクはそんな〝欠陥乱調美女〟が好き。

　ここで菜々緒がらみでオヤジギャグを言う寸前、厳禁派に羽交い締めで阻止されましたとさ。

096 安藤サクラの寝顔、ド金髪ロビーの銀ガム猿轡姿にエロさ新発見！

前回紛糾した「秋本商会」脳内会議のその後、会長自らバニーちゃんの店に突撃。オヤジギャグ問題の聞き取り調査を有言実行すると「その人のキャラ次第。歓迎はしないけど」との彼女たちの御託宣、了解しました。

で、桜は散ったが、キネ旬御用達（？）の安藤サクラは2015年GWも満開か。自室でひたすら不倫相手の電話を待つ身の〝眠る女〟を演じた「白河夜船」（15）の彼女の寝姿がイイ。全篇の約四分の三がベッド上か、の異色設定の中、恥骨部分をけだるく持ち上げたり、ベッドの端から頭を逆さにバストのけぞりなどエロいポーズも多数。〝寝る〟行為の中で戸惑い、現実と幻想を彷徨する彼女の寝顔に魅入った。「起きてる時よりイイ」と言うと「それ、褒めてネーから」と彼女がブーたれそう。「でも眼鏡美人、短髪美人と同じく寝顔美人も本当の美人だよ」と言い包《くる》めたい。

顔に魅入る、といえば、文句のつけようがないドパッキン美女なのが「フォーカス」（15）のマーゴット・ロビーちゃんちゃこりんよ。すでに当欄で、今後はぜひ〝ロビー活動〟に勤しみたい、と宣言した甲斐あってか、今や新作・大作目白押しで「秋本商会」内〝新進パッキン・ランキング〃でアンバー・ハードを急追して赤丸急上昇だもの。そのケバい鋭角的美貌が、後半囚われの身で、銀のガムテープで〃猿轡《さるぐつわ》〃されるの図は、金髪と銀ガムの対比が抜群、倒錯的エロスを感じるのはボクだけか（オメーだけだよ）。本作のスキルアップしてゆく美人詐欺師役の如く、ロビーよ、上れ、ハリウッド・野望の階段を！

　少々ダークなパッキンなれど「イマジン」（12）のアレクサンドラ・マリア・ララもルーマニア系ドイツ人らしい硬質な美貌が心地よい。「ヒトラー　最期の12日間」（04）の秘書役も、「ラッシュ　プライドと友情」（13）の〃ニキ・ラウダ〃の恋人役も、しっかり者の印象だったが、ここでは、当初引きこもりがちな盲人女性を演じる。〃反響定位〃のインストラクターにより白杖を使わず街に出るようになるシーンの彼女がスリリング&チャーミングで、ボクも劇中の科白「杖なしの君はセクシー！」とリスボンの街のド真ん中で叫びたい。インストラクター役のエドワード・ホッグが若き日のテレンス・スタンプにも似て、時として魔的に映り、ハンディキャップものというより「テオレマ」（68）的なものを感じた。

　2回続いた「秋本商会」ネタを次回はナシ。伊東四朗氏から聞いた三木のり平氏の名言「二つにしようよな。三つは（江戸じゃ）粋じゃない」に殉じたい。

097 ゲスの極みオヤジ。の映画の観方は〝不純な動機〟、女優目当てとか

連載とかで〝69回〟になったりすると、エヘッ〝69〟か、とこの数字でニンマリしちゃう僕もつくづく〝ゲスの極みオヤジ。〟だね。ちなみに、2016年ゴシップ欄をブッチ切ったゲスの極み乙女。は「ストレイヤーズ・クロニクル」（15）で主題歌、挿入歌を提供、彼らの曲、結構好きです。

ゲスオヤジの行動原理はたいがい〝不純な動機〟ってヤツ。映画観る基準だって好みの女優が出ているか否か。例えば、「ANNIE　アニー」（14）にキャメロン・ディアスが出てなきゃ多分観なかったディアス。同様に「THE NEXT GENERATION パトレイバー 首都決戦」（15）も高島礼子サマの出演がなければスルーしたかも。警視庁公安部警部役で、珍しく眼鏡着用がまたクール。ヘリの爆風にのけぞる顔がセクシーで「これからは大人の時間よ」の科白がキマリ金時！

〝特車二課〟のメンツではロシア連邦保安庁から赴任しているカーシャ役の太田莉菜がハラショー、スパシーヴァ！　彫りの深い鋭角的美貌だけに無理筋設定でも違和感ナシ。ロシアン・パブ歴の長いゲスオヤジも太鼓判。彼女のキメ科白は「モスクワは涙を流さないっ」って、

少々気恥ずかしいけどね。実生活では松田龍平の奥さんなんだってね。夫婦丸ごとひいきにしたい。

同様に「Zアイランド」（15）もわが鈴木砂羽サマが出ていなければ、ゾンビ映画に食傷気味の身ゆえ、イソイソと行かなかったかも。それが〝女優の偉大な誘引力〟ってもんさ。ゾンビ禍の島で奮闘むなしく、家族揃って〝人間のまま〟の死を選ぶシーンが感動的なのは、砂羽効果か。眉間に受けた銃弾の痕跡すら美しい。品川ヒロシ監督作としては短いし、予想以上に楽しめた。

ヤクザとゾンビのコンセプトが共通項の6月公開「極道大戦争」（15）もまたまた高島礼子サマ目当て。なんと〝膳場壮介〟という男名の若頭役で、姐御肌ならぬアニキ肌。ドスのきいた科白回しがナイス。耳から脳漿（？）がピュッピュッと噴き出て、後頭部爆裂！って役柄にブッ飛んだ。嗚呼、礼子サマが壊れてゆく〜。三池崇史監督作としては「DEAD OR ALIVE 犯罪者」（99）的に奇想天外さが加速すると言っておこう。

本作にも前出の「ストレイヤーズ・クロニクル」にも成海璃子が出演し、この月はさながら〝璃子月間〟のよう。「罪とか罰とか」（09）、「武士道シックスティーン」（10）の時から刮目したが、当時まだ10代で手出し無用。現在は芳紀22歳ゆえ手出し上等。実際の身長は知らんが、大柄感、肩幅感があり（榮倉奈々、吹石一恵の線）、ぽってり唇もエロいね、ってな表現がゲスの極みオヤジ。たる所以か。反省……しません。

098 今回は願掛けて〝オンナ断ち〟。〝オトコ旬報〟に徹してみよう

私事で恐縮だし、良識ある方ならこんなことで誌面を汚して、と鼻白むでしょうが、2015年5月31日の日本ダービーはわがペーパーオーナー馬リアルスティール号が多分2番人気で出走予定（結局4着敗退す。無念じゃ）。大願成就の願を掛けて今号は〝オンナ断ち（女優断ち）〟します。

ならば、女優には一瞥も加えず、今が旬の男ならリーアム・ニーソン。僕と同い年、同じ星座なので親近感ひとしお。「ラン・オールナイト」（15）「誘拐の掟」（14）と封切られ、さながら〝ニーソン固め打ち〟か。前者はオリジナルで殺し屋役。後者はローレンス・ブロックの原作で元刑事役、と違いはあるが、共通項は酒浸りという設定だ。

顔は土気色、不精髭のムサいニーソンがぬうっとツラを出すだけでドラマが動き出す。時には容赦ないハードボイルド・ヒーローぶりもすっかりカマボコ（板についてきた）。両作とも女優度が濃くないので、男の面魂が映画を仕切りまくり。特に、本年度わがベストワン級の前者はエド・ハリス、ヴィンセント・ドノフリオ、ニック・ノルティと揃い踏みで、壮観の一語！

邦画だって、男の顔でオンナをアゲる稼業のネオン街ムービーが2本レツを組む。まずホスト商売の「明烏《あけがらす》」(15)は、品川の売れないホストが借金返済期限が迫り、切羽詰まった一夜をコメディ調で描く。池松壮亮、染谷将太に負けてられない「共喰い」(13)の菅田将暉の〝俗世顔〟が題材に生きる。著名噺と同題名で察しがつくように落語ネタ多しだが、むしろ『品川心中』『芝浜』が重用されている。

一方、ネオン街なら歌舞伎町。随分浄化されちまったが、あのヤバい混沌をもう一度的な「新宿スワン」(15)は、すっかりカメレオン俳優の綾野剛の猪突なスカウトマンぶりが嬉しい。スカウトマン同士の抗争は往年の東映実録路線並みのバイオレンス。ボコられまくりの綾野が、事務所で自傷気味に暴れるあたりで伝わる〝痛感〟は特筆もの。濃い男描写に比べ、風俗嬢題材なのに性描写が希薄なのはなぜ? ま、今号のテーマ〝オトコ旬報〟には合致しているが、ヒジョーにサミシ~(財津一郎風に)。

本当は、マリオン・コティヤールが解雇通告と闘う非正規労働者を演じる「サンドラの週末」(14)や、勝手に愛称キッ子=ニコール・キッドマンのスリラー「リピーテッド」(14)も薦めたいが、今号は男固めゆえ、涙のスルー! どや、途中で浮気もせず〝オトコ旬報〟に徹して完走だぜ。いっそ社是を「オンナがいちゃあ、歩けねえんだ」by渡哲也(「東京流れ者」66)にするか(できもしねえくせに……冷笑)。

099 〝オンナ（女優）断ち〟して禁断症状。反動で今号はオンナだらけ

たった一瞬の〝オンナ（女優）断ち〟なのに、もう禁断症状とは我ながら修行が足らんのお。反動で今回は女優だらけ。

うってつけなのが、美人四姉妹を描く「海街ｄｉａｒｙ」（15）。何せ長女が綾瀬はるか、次女が長澤まさみ、三女が夏帆とくりゃ、それだけで勝ったも同然。オヤジ週刊誌風に言えば、天下御免のＦ乳競う長女次女、〝隠れ巨乳〟疑惑の三女……いかん、胸はすでに解脱したはずなのに。とはいえ落語『湯屋番』のように妄想果てしなく、彼女たちの鎌倉の旧家に住み込んで、風呂焚き爺や飯炊きオヤジで世話を焼きたいのココロ。「お湯加減いかがでやんすか?」ってね。くー、たまらん、天職や（アホ）。

作品自体も「細雪」（50、ほか）を筆頭の〝邦画多姉妹もの〟の隊列に加えたいほどの出来。葬祭を中心に、日々の積み重ねの中、ゆっくりと真の姉妹になってゆく様が、う、美しい。是枝裕和監督作の中では一番愛着を覚えた。惚れっぽくて〝ダメンズ〟な長澤のキャラがイイ。やっぱり彼女は「モテキ」（11）などの奔放キャラが断然似合う。

外国女優に目を転じれば「ロスト・リバー」（14）。生活のため怪しげな〝血と惨劇〟のシ

ョークラブで働く美しい母クリスティナ・ヘンドリックスと、その店の人気パフォーマーで〝コーヒー・ルンバ〟の曲をバックに妖しく踊るエヴァ・メンデスによる熟美女ツーショットは眼福の極み。これがホントの〝エ〜場面デス〟なんて、出たな、久々のオヤジギャグ。エヴァの実生活パートナーの若手人気俳優ライアン・ゴズリングが初監督だが、腕前は確かと見た。失われゆく街をシュールに描き、苦闘する母子家庭に哀惜を込めるダーク・ファンタジー。ところでライアン君よ、何年か前までレイチェル・マクアダムスだったんじゃねーの。今はエヴァかよ、趣味がボクとモロ被るなあ。

まだ36歳だから〝プチ熟女〟の「WISH I WAS HERE 僕らのいる場所」(14)のケイト・ハドソン。しっかり者の母親役がすっかり似合う歳になった。口元が実母ゴールディ・ホーンに似てきて、ボクは親戚の叔父さんみたいに目を細める。

「靴職人と魔法のミシン」(14)のエレン・バーキンは、熟女というより大年増か。還暦越えでも全然円くならず、地元を仕切る不動産の女王という憎まれキャラを天下堂々。アダム・サンドラーの人間ファンタジーの中で見事な〝異物〟となった。やっぱりバーキン姐御は変わらない。

若手から大年増、オンナの海に溺れるのも一興。クセになりそうで次回が怖い、饅頭怖いヨ。

100 巨人・マイコラスの金髪超美人妻に刺激され、吹けよパッキン旋風！

スポーツ紙の一面を飾るほど、巨人の助っ投マイコラスの金髪超美人妻ローレンさん（現28歳）が話題で、パッキン好きとしては何だか嬉しくて、♪ローレン、ローレン〜と歌いたいほど。アンチ巨人だが、奥さんは別。ケイト・ハドソン似と紙面にはあったが、ナオミ・ワッツに近い。顔の造作からいえば、仲間由紀恵をパッキンにした感じかな。

そんなマクラからしてパッキン一本のはずが、出物払底中で、何とか「踊るアイラブユー♪」（15）のハンナ・アーターチートンを確保。おっとアーターチートンで反応したアンタは女優検定上級者。そう、ロザムンド・パイクとわが〝英国大柄美女タワーズ〟を成すジェマ・アーターチートンの3つ下の妹ちゃん。姉もいいけど、妹もね。思わず〝姉妹丼〟を淫夢するね（ゲスの極みオヤジ。でゴメン）。

姉が「プリンス・オブ・ペルシャ　時間の砂」（10）で注目されたように、妹も初の大役でブレーク必至。南イタリア、太陽の下のミュージカル・ラブ・コメはメグ・ライアン似の彼女にピッタシ。冒頭の踊る、歌うの空港シーンからしてゴキゲン。ここでアーターチートン家美人姉妹の前途を祝し一曲歌っちゃうぞ。♪アーターチートンと呼べば〜（中略）〜2人は若〜

い（古いね）。

パッキン払底中ゆえ、黒髪でもコイ。コイじゃなくて、サイといえばイランの巨匠バフマン・ゴバディ監督の動物題名シリーズ（？）の「サイの季節」（12）の黒髪美熟女モニカ・ベルッチ様。しばらく日本でお見限りだったが、2015年は3本も拝謁できた（他に「夏をゆく人々」14、五十路にしてボンドガールの快挙「007　スペクター」15）。どんなに地味作り、汚作りしても隠し切れぬ美貌、匂い立つ色香。ノーメイクとおぼしきその貌《かお》が、夫婦間の〝かくも長き不在〟の受難を物語る。「灼熱の肌」（11）同様、彼女の圧倒的な肉体が作品を支配し、〝作家性〟の呪縛から解放させる。

イランからトルコへと北上すれば「雪の轍」（14）のヒロイン、メリサ・ソゼンがいた。怜悧《れいり》な印象のトルコ美人で、ハイブロウな中近東映画も女優という勝手口からなら忍び込める。ベルイマン調の会話劇3時間16分は、こらえ性のないボクには正直言って苦行だったが、メリサ嬢のおかげで何とか踏破。ところで原題〝冬の眠り〟を「雪の轍」へ。久々の名邦題ではないのか。

冒頭のローレンさんに関して、すでに外タレとして稲川素子事務所入り（すぐ辞めて、今は別の事務所に）。ボクなら、洗剤『ボールド』CMの金髪美人妻シリーズに抜擢するなあ……こんな寄り道するのもパッキン女優払底ゆえ。吹けよパッキン旋風！

101 久々にパッキンをマルチ安打！雨乞いならぬパッ乞いの甲斐あり！

パッキン日照りに、パッキンよ降れ、と雨乞い、否、パッ乞いを、と地獄の猛暑の空と対峙したら熱中症でダウン寸前（アホ）で、これがホントの〝パッ乞い・地獄篇〟。羽仁進監督、すみません。でもその甲斐あって、久々パッキン・マルチ安打。

まずは「ムカデ人間3」（15）で、囚人500人を繋げるという狂気の刑務所長の淫乱秘書役を演じる元全米AVクイーン、ブリー・オルソン嬢がドパッキンの上にエロ顔・デカパイ（字幕による）。でもパッキンの味方です、のボクとしてはお下品ご奉仕三昧の果て、哀れな姿を晒すの図は、よくあるAV女優の扱われ方とはいえ、少々観るに忍びなかった。彼女がエロ反撃してこそエロパッらしさ。ギネス級の〝ムカデ人間〟よりも〝ゲスの極み。刑務所長〟がよっぽど怖いよ。

続いて、全米人気女優のリース・ウィザースプーンもドパッキン。何せ極め付きの「キューティ・ブロンド」（01）があるからね。彼女の「わたしに会うまでの1600キロ」（14）は米西海岸山岳地帯南北縦断女性の実話。〝旅が私を変えたの〟映画は食傷気味だが、母の死の悲しみからヤクとオトコにズブズブのヒロインが、パッキン振り乱して脱ぎまくり、ヤリまくりの前半が出色で、何だか得した気分。

そんなリースに呼応するかのように（?）、邦画でヤ○マン設定は、「ピース オブ ケイク」（15）で、まさかの多部未華子。惚れっぽくて、思慮が浅く、題名通り〝たやすい女〟の恋愛体質ヒロイン。完脱ぎはないけど、柄本佑君とのからみはなかなか卑猥。使用後シーンのみとはいえ、ピンクのバイブも登場し、オヤジ赤面。多部ちゃん、タベちゃうぞぉ～、って最低のオヤジギャグをかましてみよう。

妙味は、これが喜劇調なこと。温泉旅行中に彼の浮気疑惑浮上で修羅場になる場面が秀逸だ。コメディエンヌの素質アリの彼女が綾野剛に詰め寄り〝北斗の拳〟もどきに言う「お前は既にヤッている！」は久々の名科白！

時々パッキン程度だが、ニーナ・ホスは「東ベルリンから来た女」（12）と監督、共演者が同じ新作「あの日のように抱きしめて」（14）で顔面手術後のミステリアスな再会女性として、終戦直後のベルリンに降臨す。髪の毛と同じく万華鏡のように変幻する独特の美貌に又も見惚れるねえ。もっと血腥《なまぐさ》い展開を期待したのだが、ラストは彼女のアイデアだと聞き、納得のココロ。

さあ、パッキン連打記念の暑気払い。ブリー嬢、リース姐、多部ちゃん、ホスちゃん、黒髪も上等。全員指名じゃ。5番テーブル（僕の席）、ハッスル！

102 秋も秋本、パッキン祭り！おまけに〝ゲスの極み男女。〟2組！

珍しくパッキン連チャン確変中だぃ。毎年恒例、秋も秋本、パッキン祭りだぜ。2015年のマイ流行語〝ゲスの極み○○。〟に呼応し（?）洋画にパッキン入りゲスの極み男女。が2カップル。時代の流れはゲスざんす。

1組目は「ナイトクローラー」（14）で事件・事故現場に猿のごとく駆けつけ、死臭を求めるハイエナのごとしのジェイク・ギレンホールと、そのネタを買うTV局ディレクター、レネ・ルッソ。ロクな死に方しねえぞ、のゲスの極み男女。を怪演する両人の丁々発止、小悪の連携がすごすぎ。ジェイクが「タクシードライバー」（76）のデ・ニーロばり〝前のめり狂気〟で魅する。一方、お久しぶりね、のレネ姐は六十路を迎えてもケバい魅力キープ。なまじ年を重ねている分、その焦燥、居直りが鬼気迫る。早くも今年のわがベスト3圏で、ボクと同じくゲスな方、必見！

2組目は「ヴィンセントが教えてくれたこと」（14）で酒とバクチの日々の悪態偏屈老人ビル・マーレイは立派に〝ゲスの極みオヤジ。〟有資格者だ。加えて腐れ縁のストリッパー役が何とナオミ・ワッツ。ロシア訛り丸出しでビッチな魅力全開。2人のエッチ場面はゲス

×2の威力だろう。でもお下品一辺倒ではなく、いじめられっ子と偏屈老人とのチョットいい話に急旋回しても鼻白まないのはシオドア・メルフィ監督の喜劇センスの賜物か。洋画拾い物度トップ級か。

ゲスの極み。ほどではなくプチ・ゲス程度の男女が「ロマンス」(15)の小田急ロマンスカー車内販売員・大島優子とうさん臭い映画製作者・大倉孝二。箱根道中の果て〝何もしない〟約束で緊急避難的にラブホ入り。「何、やってるんだろ、私。女が弱っているところを襲うこの男、最低。でもよく考えると、私も最低か。最低同士、ちょうどいいかもね」という大島の自棄的な独白はけっこう名科白。タナダユキ監督作にしては珍しく主演女優〝完脱ぎ〟ナシが残念だが、漫才コンビ〝大島大倉〟として売り出せる掛け合いが笑えた。

もう一本邦画で、デジタル世代の無鉄砲さとベタ降り感を映す「私たちのハァハァ」(15)には題名にエッチ響きを誤解して釣られたゲスなボク。青春剃毛映画「スイートプールサイド」(14)が良かった松居大悟監督らしいハァハァ(息遣い)を感じた。

と、書いてたら、鈴木砂羽離婚の報が。砂羽ウォッチャーとしては「しゃーない。早くイイ男見つけて四十路充実を」と励ますしかないか。パツキンで始まり急遽砂羽でシメる。これぞ我が〝守備範囲〟というものさ。

103 鬼才監督2人の共通項、相違点。これでベイシンガー菩薩様が……

パッキン日照りは続くよ、どこまでも。仕方ないから、当商会は〝硬派路線〟強行中。ドキュメント隆盛の中、鬼才監督を題材にこの時期連続公開へ。

「サム・ペキンパー　情熱と美学」(05)、「ロバート・アルトマン　ハリウッドに最も嫌われ、そして愛された男」(14)。我々世代の両アイコンだが、偶然にも同じ1925年生で、誕生日も一日違い。ともに十代で軍隊経験、アメリカン・ニューシネマ路線を牽引、メジャー幹部とたびたび衝突、ホサれ経験も共通項か。

今でも生涯ベスト洋画は「ワイルドバンチ」(69)だけに彼の逸話、裏話は新発見度・低だったが、試写後、同業のK氏と居酒屋で主にペキンパーを肴にしたことを考えると、尽きない&懲りないオッサンだったなあ。

破滅型のペキンパーは85年に斃《たお》れたが、アルトマンは対照的に81歳まで生きた。現場のアルトマン組のみならず重度の〝ファミリーマン〟だったとは意外なり。子息をスタッフに登用、家族フィルムやホーム・パーティの数々。親馬鹿、好々爺。〝イーストウッド一家〟とはまた違うファミリー度であった。これもアルトマネスク(アルトマンらしさ)か。残念なのは「フール・フォア・ラブ」（85）、「プレタポルテ」（94）と作品があるのに、わがキム観音ベイシンガー菩薩様ご不在とはいかに？　キム様ご登場なら本作は更に充実、パッキン日照りも緩和されたのに……とは個人的要望か。

さて、この2大鬼才が生まれた頃にナチスが本格的に台頭し……と半ば強引に「顔のないヒトラーたち」（14）、「ヒトラー暗殺、13分の誤算」（15）へ繋げたりして。ナチスものは映画題材の鉄板だが、本国ドイツ映画界が、あらゆる角度で照射する作業は続く。若きジャーナリストと検事が戦後のアウシュヴィッツ裁判を勝ち取るまでを描いた前者、一介の家具職人が企てた暗殺計画を描く後者。ともに巨大なヒトラーの威、ナチスの影と対峙する無名の個の尊厳を浮き彫りにし、興味は尽きない。連チャンをお勧め。

強靭な個の闘いは邦画でも熾烈だ。「木屋町ＤＡＲＵＭＡ」（15）、「罪の余白」（15）はともにわが本年邦画ベスト5に入るほどだが、前者の四肢欠損ヤクザ遠藤憲一の圧倒性、変態風俗に堕ちる武田梨奈の意外性。彼らの針を振り切った〝凄演〟に脱帽する。後者の、娘を亡くした父親・内野聖陽VS命を弄ぶ邪悪な女子高生・吉本実憂のガチンコも見応え十分。観月ありさ似の吉本だが、末はシャロン〝氷の微笑〟ストーンか、の印象ありさ、とどうしてもパッキン女優に持っていきたがるね。この流れで次回はパッキンの上ダマ、隠しダマ多数？

104 久々にパッキン、非パッキン、洋&和もの、〝女優固め〟の歓び

パッキン日照りが続いたので、今回はマクラもそこそこにダボハゼ的に食いつこう。パクッ。

主演を代えての新章「トランスポーター　イグニション」（15）で運ぶブツはパッキン美女3人たあ久々のご馳走。後でこのパッキンはフェイクと分かるのだが、この際、贅沢は言わない。ニセでも甘受。黒髪のヒロイン、ロアン・シャバノルの名科白「金髪に憧れるワ」に我が意を得たり。エド・スクレインは奮闘するも先代ジェイソン・ステイサムに及ばず。だが、ニセでもパッキン度一気増量で高ポイント。

パッキン連チャンなら「海賊じいちゃんの贈りもの」（14）のロザムンド・パイク。2015年上半期の「しあわせはどこにある」（14）は三振だったが、今回は殊勲打だね。典型的な家族修復ものとはいえ、ヤバネタも含め、設定が巧み。トイレ中に亭主と言い合いになり〝音〟出しも辞さぬ女優根性は立派。劇中の「ポンコツ家族で上等よ！」も名科白なり。悪女のボンドガールを経て「ゴーン・ガール」（14）で大出世。英国パッキン大柄美女に幸あれ。

ボンドガールといえば元ボンド役者のピアース・ブロスナン。彼が珍しく悪役の「サバイバー」（15）でもやはり主役のミラ・ジョヴォヴィッチに目がいくね。非パツキン、微乳でもミラ・ジョヴォ最高。あのキツい目力に射貫かれたい。故にラストの〝バイオハザード対007〟はもっとブロスナンをボコってオヤジのM心を刺激して欲しい。「ラストミッション」（14）でアンバー・ハードがケヴィン・コスナーをいたぶったぐらいに。

〝ラストミッション〟といえば邦画の「図書館戦争　THE　LAST　MISSION」（15）もある。題材自体に興味を失っても観る理由はごひいき・榮倉奈々目当てで、岡田准一との〝チビ〟〝デカ女〟の言い合いが楽しいから。今回は子どもたちにも「デカいのが来た！」と言われ、親友の栗山千明には「これ以上デカくなってドースル？」など榮倉ちゃん高身長ネタが増量中。肩フェチの僕なら、彼女の榮倉ス（Aクラス）の豊肩をネタにからかって怒らせてみたい。

長年ごひいきなら、今でもお慕い申します松坂慶子様6年ぶりの主演作「ベトナムの風に吹かれて」（15）も必須だ。慶子様、大森一樹監督、そしてボクも〝花の昭和27年生まれ〟組。それがドーシタと言われても困るが、何だか同窓会気分で、認知症、介護等の現実的テーマも前向きなネタとなる。ハノイの街を真っ赤なスクーターで颯爽と駆ける慶子様のお姿に魅入った。

パツキン、非パツキン、洋&和もの。久々に女優三昧の歓び！

105 パッキンは絶滅危惧種か。ならばジョーダナ（上玉）で、砂羽で観る！

今や銀幕上でパッキンは絶滅危惧種か。毎度払底、品薄状態。出ない砂金をザルで掬《すく》うがごとし。総合パッキン商社たる「秋本商会」危急存亡の時迫る？今回唯一、網に引っ掛かったパッキンは「コードネームU.N.C.L.E.」（15）でナチス残党と組む国際犯罪組織を実質仕切るセレブ夫人役のエリザベス・デビッキ（「エベレスト3D」15にも出ている）ぐらいのもの。編み上げたパッキンとクールな美貌が往年のカトリーヌ・ドヌーヴ級で、その野望の悪女ぶりは威風堂々。作品もマドンナの呪縛から解けて、すっかり息を吹き返したガイ・リッチー監督らしく、色彩、ファッション、音楽、世相など60年代風俗へのオマージュに溢れ、粋でユニークなスパイ・アクションとなった。新コンビの〝ソロ&イリヤ〟も、初代とは印象が異なるが、TV版世代も納得のココロ。

パッキンじゃないが「クライム・スピード」（14）のジョーダナ・ブリュースターは猛美女わんさかの「ワイルド・スピード」シリーズ（01〜13）より、今回、単体でガン見すると実にジョーダナ（上玉）だね。映画はかつてのスティーヴ・マックィーン映画のリメークで典型的な〝愚兄賢弟〟もの、ムショ帰りの兄に引きずられ銀行強盗に加担する更生した弟。小悪党感丸出しのエイドリアン・ブロディの個性が光る。やっぱ鰹のタタキもいいけど、映画のタタキ（強盗）もイイねえ。さて〝上玉〟嬢だが、弟の元カノで警察の緊急通信司令室勤務の設定。濃紺のダサい制服が逆にエロいと思うのはボクだけか。

一応パッキン仕様で超ベテラン女優マギー・スミスが出てくる「パリ3区の遺産相続人」（14）はヴィアジェというフランス独特の不動産売買システムがキーとなるヒューマン・コメディ。ケヴィン・クライン、クリスティン・スコット・トーマスも加えたオスカー俳優トリオによるさすがのやり取りが魅力となってオトナがほっこりする逸品だ。

邦画は鈴木砂羽助演というだけでフラフラと観に行った「俺物語!!」（15）。オヤジ顔高校生の鈴木亮平の母親でアフロヘア、総菜屋のオバチャンが妙に似合っちゃうのもねえ、と思いつつ、夫役が寺脇康文とは初期の〝相棒〟シリーズまんまじゃん、と好配役にニヤリ。作品も、美女はゴリラ面が好きなのに、ゴリラ面は親友のイケメンと彼女の仲を取り持とうとするあたり「冒険者たち」（67）と似た構造。鈴木亮平はさしずめリノ・バンチュラか。マンガ的展開とはいえ爽快な出来の本作も、砂羽助演でなきゃ多分観なかった。女優の吸引力、改めて恐るべし！

106 熟女観音トメイ様は脱がぬが、パッキン&女優脱ぎ不足に干天の慈雨

パッキンも足らんが、女優の脱ぎも足らんのが今の映画界。〝完脱ぎ〟を求めて銀幕の暗闇を彷徨しておるが、なかなかブチ当たらんわい。それでも、干天の慈雨は降る。著名女優ではないが、お二人さん、ご案内～。

まずは深田晃司監督の「さようなら」(15)で、汚染された日本で順位下位の難民外国人ゆえ取り残されるパッキンを演じるブライアリー・ロング。日本の辺境で、美微乳を晒し、アンドロイドに見守られ、カウチに横臥し、死を待つのみ……。パッキンと脱ぎ、2つを満たしてくれたのに、ラストも含めその無常感たるや尋常ではなく、胸に深く刺さり、俗な興味の自分を戒めた。

一方「嘆きのテレーズ」(52)の翻案「アレノ」(15)の山田真歩、といっても誰? 朝ドラ『花子とアン』(14)の宇田川先生だそうな。夫の死体が湖からあがるまで愛人と湖畔のラブホで過ごす。地味め、見た目スリムなのに脱いだら凄っ。見事なロケット乳で乳輪・乳首も威風堂々。股間嘗めから、女性上位、バックへと変幻自在で、ベッドからズリ落ちそうな熱戦が続く。〝(性描写を)嘘っぽくしたくない〟という越川道夫監督の意気やヨシ。

朝ドラといえば好視聴率ご同慶の至りの『あさが来た』（15）の波瑠が「流れ星が消えないうちに」（15）で恋人の死の喪失感から、自分の部屋で寝られず、なぜか玄関だと眠れるという一風変わった傷心のヒロインを演じている。新恋人とも寝るのだが、心ここに在らず。性描写がマイルドに終始した腹いせに、彼女の寝顔の美鼻と顎ボクロ様をガン見する。

洋画に目を転じると、落ち目の脚本家がヤル気ゼロで教鞭を執る喜劇「Re：LIFE リライフ」（15）が好センスなのは、熟女学生マリサ・トメイの「いとこのビニー」（92）の頃から変わらぬキュートさと、二枚目喜劇俳優ヒュー・グラントのメンコの数ゆえ。やはり映画は役者で見よ。都落ちして目が醒める、てなありがちな話をここまで魅力的に楽しませるのだから。

役者の魅力と、映画のセンスなら「カプリコン・1」（77）でも描かれたNASAの月面着陸ウソっぱちネタの「ムーン・ウォーカーズ」（15）も相当だ。何せ、捏造映像をキューブリックに撮らせる、という都市伝説が元ネタだから。ベトナム後遺症に悩むCIA諜報員をリー・マーヴィン顔でタフに演じるロン・パールマンが最高。ヘタレなルパート・グリントにカモられ終始苦虫顔で大暴れ。60年代テイスト濃厚な中身を予見させるサイケなタイトルバックにニンマリ。

この調子で、パツキンと脱ぎ、役者で観る、を次回も継続を！

107 〝福山ロス〟よりイーライ・ロス。11月最終週はカニバリズム週間？

高齢者の肉食礼讃に大賛成、ってな話題から食人映画に走るのはグロい？　２０１５年は夏に「野火」（15）もあったし、当たり年かも。11月28日公開の「フリーキッチン」（15）「グリーン・インフェルノ」（13）で邦洋カニバリズム映画対決が実現した。もう一日遅けりゃ、ズバリ11・29（いい肉）だったのに。惜しい。

　前者は屠殺場面は極力避け、日常性の中での淡々たる人肉食だ。イノセントに人肉料理を息子に食わせる母親・延増静美《えんそうきよみ》はアラフォー熟女の魅力。明朗な彼女を見てると人肉食の罪深さをつい忘れそう（おいおい）。

　一方、後者はもっと直截な人肉調理描写だが「食人族」（81）みたいに野暮な出来ではなく、シニカルな笑いと社会性が持ち味だ。さすがは「ホステル」シリーズ（05、07）のイーライ・ロス監督。食肉族に両手両足を縛られ、全裸に味付けの白いココナッツソースみたいなのを塗られ悲鳴絶叫の美女ロレンツァ・イッツォが可哀想で、美味しそうで。ヘイ、お待ち、ロレンツァ料理、イッツォ（一丁）！

　彼女と監督は本作製作の翌14年に結婚。映画とはいえ、未来の女房を食人族に料理させるサマを嬉々として演出？　ホンマもんの変態カップルやで。さぞ興奮しつつ撮影、とゲスの勘ぐり。でも、変態新婚さんいらっしゃい！　と本作をベスト・テン入りさせる僕も十分変態か。合言葉は〝福山ロス〟より、イーライ・ロス。

変態といえば、同日公開だった「愛を語れば変態ですか」（15）での、わがミューズ、黒川芽以嬢が素敵。デリヘル嬢役で好演した「僕たちは世界を変えることができない。」（11）以来のファンで、瀬戸朝香をふて腐れ顔にしたような美貌（褒め言葉）がクセになるのヨ。平凡な主婦から、博愛主義的ラブ伝道者へと暴走が止まらない後半はなんと痛快アナーキー。行け、行け、二度目の黒川芽以！（何のこっちゃ）

変態といえるか判然とせぬが、美しき死者に魅せられる「アンジェリカの微笑み」（10）。監督より女優優先の僕には、マノエル・ド・オリヴェイラ作というより「シルビアのいる街で」（07）の超絶美女ピラール・ロペス・デ・アジャラ主演作！　今回も彼女に夢中だ。『牡丹灯籠』や『雨月物語』のように蠱惑《こわく》的だが、監督の寄る年波は感じる。せめて60～70代に撮っていたらもっと情熱的だったはず、ってオリヴェイラ信者はそんなこと言わんのだろな。

本来なら「007　スペクター」（15）特集なのに、目当てのモニカ・ベルッチが前半で退場とは拍子抜け。もっと女優を！　女優は銀幕上の美肉なり、とカニバリズム週間に改めて思う。

108

禁パチしても禁パッキンはせん。正月長大作に背を向け、小粒でピリリ

思えば2001年に禁煙して続行中。15年禁パチし継続中。こうして一つ一つ止め、そして何もやらなくなるのか。否。競馬も麻雀もオネーちゃんも止めない。禁パチはしても禁パツキンはせん、と秋本商会の忘年会で誓った。

で、いきなりステーキ、じゃねー、いきなりパツキン。〃名前にイモが入ってもイモじゃない〃でおなじみ（？）、9月公開「恋人まで1％」（14）も遅ればせながら観てナイスだったごひいきイモージェン・プーツが主演の「マイ・ファニー・レディ」（14）。映画自体はピーター・ボグダノヴィッチ監督の映画愛満載がゲップ気味だが、元娼婦経歴を明朗にコクる新進女優役でフラッパーな魅力爆発だ。アマンダ・セイフレッドをデフォルメし、日本の門脇麦を加えたような彼女のルックスに、目指せコメディエンヌの王道！

続いて、94年に起きたロックスターのショットガン自殺に、妻の歌手兼女優コートニー・ラヴが関与？ を追うドキュドラマ「ソークト・イン・ブリーチ〜カート・コバーン 死の疑惑〜」（15）は米版〃疑惑の銃弾〃の様相。ドラマ部分でコートニーを演じるパッキン、サラ・スコットが警察の尋問にもラリって醜態、痴態を披露するチープ感がステキ。真実か

否かよりも、全体を覆ういかがわしさを味わいたい。

掘り出し物感十分なのが〝ネット恋活〟で若い男女の本音を綴るNYラブコメ「きみといた2日間」(14)。初対面で彼の部屋にお泊まりエッチも帰り際に大ゲンカ。外は大雪で扉も開かず、仕方なくもう一晩……コイツとは二度と会わねーからと本音トーク炸裂。「セッションズ」(14)のマイルズ・テラー君と相手役のアナリー・ティプトン嬢の化学反応は「或る夜の出来事」(34)以来のアメリカ映画ラブ・コメの伝統がしっかり。

〝とりあえず寝てから〟調は往年のニューシネマ「ジョンとメリー」(69)を想起する。さしずめ〝21世紀ネット恋活版〟か?

監督のマックス・ニコルズは、あのマイク・ニコルズの息子。DNA恐るべし。ラストも巧い。この快作を観たカップルはその後うまくいきましたとさ、てなジンクスが生まれて欲しい!

邦画も負けないよ。「友だちのパパが好き」(15)は親友のパパを真剣に好きになる少しヘンタイ純愛暴走ラブコメ。メガネ美人の安藤輪子の理不尽な強引さがチャーミング! まんざらでもない中年モテ男の吹越満がさすが。彼の演技の〝軽み〟が好きだ。「ミツコ感覚」(11)の山内ケンジ監督の作劇は更に巧みに。

今回は順に89、93、86、105分。短い、巧い。長大作に背を向けて、小粒でピリリ!

109 今年も好きなものだけ優先……パッキン、オオカミ、夏帆、落語

還暦もとうに過ぎ、不得手なものによけい気が失せる。久しくアニメ観ないし、少年少女映画も敬遠気味、難病ものもスルー。それがドーシタ、と秋本商会の新年会で吠えた。ワォ〜ン。

好きなものなら、まずパッキン。やっぱり。〝呪怨〟的なソレが襲うホラー「イット・フォローズ」（14）の絶叫ヒロイン、マイカ・モンローは名前からしてパッキンっぽいね。実際、恐怖のプール場面での水着姿は肩幅充実、パッキン上等！　難を言えばイーライ・ロスらの猛者が絶賛の割には怖くない点だが、彼女の名に免じてマッ、イーカ。

パッキンといえば、ナチ占領下の町での敵将校との禁断愛を描く「フランス組曲」（14）のミシェル・ウィリアムズも〝魅しぇる〟。珍しく非金髪のマーゴット・ロビーがゴージャス感を封印しての小作人の娘役だが、ナチス兵士と青カンし「小作人を搾取するフランス人の因業な家主よりマシ」とホザくのが面目躍如。今年も〝ロビー活動〟継続だ！

邦画では、夏帆作品を見続ける〝果報者（夏帆者）運動〟にも精を出す。「ピンクとグレー」（16）ではケバいメークと露出度衣裳、M字開脚で主人公を誘惑し、ガウン一丁で部屋をう

ろつくシーンでは胸チラ？　TVドラマの『みんな！エスパーだよ！』（13）のパンチラ女子高生役のメンコはダテじゃない。奔放な役でこそ、と夏帆者として我思う。故に我在り。

そういえば、森田芳光監督の遺稿のような「の・ようなもの　のようなもの」（16）での落語の師匠の娘役・北川景子もこういうお転婆な方が断然イイ、と確信す。広告業界映画「ジャッジ！」（14）でギャンブル好きの代理店社員を演じ、飲み屋で競馬オヤジをおちょくるシーンがたまらん。ギャンブルといえば、森田監督も競馬、パチンコ好きだった。かつて「秋本さんはなぜかヤクルトファン、グラマーセクシー好み、ギャンブル狂い、と何かと自分と共通する」との私信を頂き、光栄に思っている。

さて、パッキンと同じぐらい（？）好きなのはオオカミ映画。「シーズンズ　2万年の地球旅行」（15）のオオカミさんもイイが、原作も読んだだけに「神なるオオカミ」（15）により愛着が湧く。内モンゴル草原の彼らへの、敵として神としての畏怖の念がしっかり描かれ、その鋭い眼光、咆哮、岩の頂から獲物を狙い襲う姿は、武闘派パッキン美女の如くセクシー！そして、仔オオカミは超カワイイ！　〝オオカミ酔い〟できる久々の本格派だ。

競馬・麻雀・酒・ツバメ（スワローズ）。今回でいえば、パッキン・オオカミ・夏帆・落語。２０１６年も変わらず好きなものだけ楽しもう。

110 〝大食い〟も、綱渡り映画も、初老夫婦住み替え映画も、舞台はNY！

２０１６年も明けて変わらず、30年一日の如く寝正月&麻雀。地上波〝大食い選手権〟（すまんのお、低俗番組が好きで）、CSのヒストリーチャンネルをのんべんだらり。〝大食い〟はNY日米決戦となり、シガニー・ウィーヴァーにチョイ似な敵の〝異次元女王〟モリー・スカイラーの爆食ぶりがやっぱ凄っ。

同じNYで過激なパフォーマンスなら「ザ・ウォーク」（15）も同様か。〝9・11〟で破壊されたツインタワービルの完成時に違法承知、命綱ナシで挑んだ〝綱渡りバカ一代〟の狂気実録が一種の青春冒険映画として描かれる。一回渡って終わりかと思いきや、引き返し、跪く、寝そべる、ターンする。高所恐怖症悶絶必至の芸当連発。思えば、青春と書いて〝無茶〟と読めなくなったのはいつ頃からか。決して綱渡り成功万歳映画ではなく、何かを得れば何かを失う……人生の道理もさりげなく説く。ヒロインの身の処し方も見事。ロバート・ゼメキス映画としては最上の部類か。

同じNYが舞台でも、こちらは青春はとうに過ぎ去りし日の初老夫婦の「ニューヨーク眺めのいい部屋売ります」（14）にノー・キッズ、ペット有の同境遇としては、しみじみ。

モーガン・フリーマン、ダイアン・キートンのオスカー男女優初共演が魅力で、連れ添って40年の夫婦の機微を巧演。終《つい》の住処を、昇降機ナシ最上階アパートゆえに住み替えを迫られる2人の疾風怒濤の数日。原作も素敵だが、映画はそれ以上で文句ナシ。原作のユダヤ人夫婦から黒人男性&白人女性に設定を変えたのも若き日のエピソードで生き、最後の決断も原作以上！ これで92分ぽっきりとは早い、巧い。

ヒストリーチャンネルでは悪名高きアウシュヴィッツも当然の如くの題材だったが、「サウルの息子」（15）は多くの〝収容所もの〟と一線を画し、出色。狂気と絶望の中、息子の幻想を見る（と僕は解釈）ガス室係の主人公を前に、ただただ呆然とするのみ。直截な表現を避け、観る者の五感に迫る新人離れしたネメシュ・ラースロー監督の演出にカンヌ戴冠も納得だ。

一方、ヒストリーチャンネルが放映しそうな〝反捕鯨ドキュメント映画〟にディベート・マッチを挑むような「ビハインド・ザ・コーヴ〜捕鯨問題の謎に迫る〜」（16）の健闘を称えたい。八木景子監督はあたかも〝爆食女王〟のようにタフ&しなやかに〝ハイ、論破〟。NYならぬワシントンDCにまで乗り込み、アメリカの戦争がらみだった反捕鯨プロパガンダの〝そもそも〟をも炙り出す荒ワザ炸裂。凡百のサスペンスよりも面白え！

捕鯨上等でも、今や高級品の鯨より、牛や鰻がいいや、と結局興味は食いモンかい。今年も「快食（呑）・快眠・快便」！

111 スキンヘッド美女に食指が動く？美女の寝顔にソソられる？

「尼さん抱いて寝てみりゃ可愛いものよ、どこが尻やら頭やら」という戯れ歌があるが、緑の黒髪よりスキンヘッド美女に食指が動くのは、十代に観た「尼寺㊙物語」（68）あたりのトラウマかな。否、テレビ『西遊記』（78〜80）の夏目雅子のほうか。

そんな三蔵法師的キャラなのが「珍遊記」（16）の倉科カナで、その丸顔にスキンヘッドが、マルコメ坊やのようによく似合って、ヘア有りより好感度2割増？

素っ裸で珍演する松山ケンイチ（彼も坊主頭が似合うなあ）相手にムチャぶりされたり、諌《いさ》めたり、もう大変。お下品な笑い満載だが〝ゲスの極みオヤジ。〟としては当然ウェルカム。

昨年は桐谷美玲もスキンヘッド演技してたっけ。彼女、ブログに寝顔、変顔載せたり。昔は寝顔を晒すなんてハダカより羞恥だったのに、イマドキの女優さんだよなあ。4月公開の「モヒカン故郷に帰る」（16）で前田敦子が、松田龍平に無防備なスッピン寝顔を思い切り覗かれていた。

きっと〝寝顔フェチ〟の男もいるのだろう。「女が眠る時」（16）のビートたけしは、連れの忽那汐里の寝顔を何年も〝定点観測〟し、妻と倦怠期の西島秀俊に披瀝《ひれき》する。これは60代、

50代の海千山千オヤジが青臭いアラフォー男をアブの世界に引き込むメフィスト映画だと思うが、複数回観たら、案外と手の込んだフェミニズム映画？　とも映った。いずれにしても虚実皮膜。真実はその間にあり、って近松か。

さしずめ50代のメフィスト役のリリー・フランキーのうさん臭い居酒屋亭主がイイ。「タイツとストッキングの厚さの単位デニールって知ってるか？」に始まるエロな蘊蓄《うんちく》で煙に巻く。煙といえば、ウェイン・ワン監督の「スモーク」（95）である。あれも定点観測と虚実皮膜の映画であった。ワン監督には「赤い部屋の恋人」（01）という秀逸な風俗映画もある。ボクも彼らに負けずに、後輩世代をエロく薫陶するオヤジでありたい。

ちなみにマイ・ベスト・スキンヘッド女優は、祝！　キネ旬洋画ベスト・ワン「マッドマックス　怒りのデス・ロード」（15）のフュリオサことシャーリーズ・セロン。〝エア金髪〟でも魅了するシャリ子。凄い。偉い。

シャリ子といえば、キッ子ことニコール・キッドマンでしょ。〝故郷に錦〟の新作「虹蛇と眠る女」（16）の気合は尋常じゃない。自慢のパツキンを黒に染め、豪州の闇と深奥が広がる〝神隠し〟映画に挑むとは！　茫然自失、全裸で街をさ迷うシーンではヘア（？）までも。スキンヘッドも寝顔晒しも女優の勲章だが、やっぱり全裸は勲一等だね。

112 〝待ってる女〟クラウディア嬢！〝待ってる女〟ホリデー嬢！

首を長くして待ってる球春を〝清原シャブ逮捕〟で、プロ野球ファンとしては水を差された気分だが、映画も、洋画は麻薬関連のハード作がズラリ。

昨春はドキュメント「皆殺しのバラッド　メキシコ麻薬戦争の光と影」（13）が良かったが、2016年はさらに充実、激化し、メキシコ麻薬カルテルをえぐる「ボーダーライン」（15）、同テーマのドキュメントで、キャスリン・ビグロー製作「カルテル・ランド」（15）と勃発す。

これらの先陣を切るのが南米麻薬カルテルで実在したボスの興亡を描いた「エスコバル／楽園の掟」（14）。ベニシオ・デル・トロが、麻薬王の役作りのためトロどころか大トロになって体重激増で挑み、異様な迫力。かつて「トラフィック」（00）の麻薬捜査官役でオスカー助演賞を獲ったんだよな。彼は「ボーダーライン」の摘発側協力者役でも凄絶で、鮮血も辞さず。ベニシオにもっと紅、死を！　って、オヤジギャグまみれにしたれぇ。

映画自体は、エスコバルの姪っ子のラテン美女にほだされ、一族に組み込まれ、地獄の目に遭うカナダ人青年というヨソ者の目で描かれる。このセニョリータを演じるクラウディア・トライサック嬢がハクいの何の。イチコロパンチョスの秋本商会は、久々に〝ラティーナ旬報〟を出したいほど。劇中ほぼ唯一マトモなミューズを、オーディション数百人を尻目にゲットし、映画初出演を飾った〝持ってる女〟。往年のクラウディア・カルディナーレ好きとしては、その名だけで舞い上がるね。

〝持ってる女〟がいれば〝待ってる女〟もいる。真っ二つタンカー生存者救出沿岸警備隊実録シネマ「ザ・ブリザード」(16)の紅一点ホリデー・グレインジャー嬢。主人公の婚約者で、最初は〝クマみたい〟と揶揄され、少々ぽっちゃりブー気味だが、段々見慣れてくると若い頃の多岐川裕美にチョイ似。警備隊司令官に直談判したり、50年代女性にしては珍しい行動力を発揮する。

実際の女性はパッキンとおぼしく、パッキン仕様だともっと点数上がるのだが、ホリデー嬢は背筋がシャンと伸びて姿勢が良く、タッパもありそう。♪ホリデー、オオ、ホリデー、って歌っちゃうぞ。右往左往する沿岸の男どもを尻目に、必ず彼氏は帰ると、沖合をカッキと凝視する姿に惚れ惚れ。女性は灯台、港の明かり。そういえば海も船も暴風雨も女性名詞や代名詞やんけ。男性映画に見えて、所詮男は波に揉まれる存在にすぎぬ、という御託宣の映画か、違うか。

男なら〝持ってる女〟も〝待ってる女〟も大切にしなくちゃ。

113 熟女ものも、トランスジェンダーものも、韓国漢映画も、全部載せ！

たまにはプロ野球の話題を。長年の夢＝ヤクルト対ロッテ〝総武〟日本シリーズ実現のためにもいつも願うスワローズV！

ブイ、ブイといえばアリナミンではなく、「母よ、」（15）の熟女観音マルゲリータ・ブイ様のこと。「殺意のサン・マルコ駅」（90）以来ごひいきで「ローマの教室で 我らの佳き日々」（12）も良かった。今回は現場ではトラブル続き、母の余命も案じる悩み多き女性監督役を、時にはユーモアも込めて好演。不機嫌な米人俳優役ジョン・タトゥーロとの丁々発止は〝近世名勝負〟。マルゲリータ・ブイ。何と美しく力強い響きの女優名か。この際〝奇跡の54歳〟と呼びたい。

邦画の熟女観音は「僕だけがいない街」（16）の石田ゆり子。「悼む人」（15）など薄幸ムードも得意だが、本作ではチャキチャキの母親で（息子が藤原竜也なのは年齢的に若干無理アリ）方言も小気味良い。18年前の場面をほぼマンマで演じても違和感ゼロで感服の〝奇跡の46歳〟。この際ドイツのニーナ・ホスを加え〝日独伊三国熟美女同盟〟締結じゃ。

熟女じゃなくて熟年〝漢〟なら「インサイダーズ／内部者たち」（15）のイ・ビョンホン。

若く映っても45歳だけに、端正な顔を崩し、汚し、堕ちた復讐のゴロッキ役への変貌があっぱれ。拷問で右手首を喪失した彼が捨て身で行う〝路地裏〟的格闘も見もの。助演のチョ・スンウ、ペク・ユンシクの面魂もナイス。ゲスな見せ場では、韓国〝実力より後ろ盾とコネ〟社会で与党議員らが、裸女を侍らし、チ○コ遊びに興ずる痴態は、往年の東映実録物でのゲス・エロスにさも似たり。今でも裏社会映画が通用する隣国が羨ましい。韓流は漢。〝女優で見る〟僕でもね。いっそ〝漢〟国とアテたいほど。

ビョンホンの変貌・新境地に勝るとも劣らないのがオスカー候補になった「リリーのすべて」(15)のエディ・レッドメインのトランスジェンダー演技(皮肉にも彼は別作品で本年度ラジー賞を取っちまいやんの。すごい落差)。徐々に外見も内面も女性になってゆくサマに圧倒されるが、さらに圧巻は、妻役でオスカー助演女優賞に輝いたアリシア・ヴィキャンデル。彼女の責任と覚悟に感銘を受けた。長いパイプでの喫煙姿にも惚れ惚れ。最後の毅然たる言動も含め、一種の〝ハードボイルド・ヒロイン〟。北欧出身のパツキン、それだけでポイント高いよ。昨年の「コードネームU.N.C.L.E.」(15)でも男前だった。彼女の名前にも〝ヴイ〟キャンデルでVがある。サインはV!(古っ)

熟女も、漢も、トランスジェンダーも、この際、全部載せ!

114 〝アキモト春のパッキン祭り〟、20代から70歳まで世代横断でGO！

パッキン日照りがまだ続くので、CS放映でパッキンをアブったれ、と「凍える夜に、盲目の殺し屋トポ」（13・未）のアリス・イヴと「ザ・バッグマン　闇を運ぶ男」（14）のレベッカ・ダ・コスタを。ともに渋太いダーク・ヒロインぶりの実質主役に快哉。さて、銀幕はどうだ！　20代なら「獣は月夜に夢を見る」（14）のデンマーク産若手パッキン、ソニア・ズー。〝獣〟へと目覚めるシーンもいいが、ガテン美女好きとしては前半、漁村で魚加工の仕事をし始める際の彼女のゴム長衣裳にソソられたりして。鉛色の北欧風景に受難のパッキンが映える。同系の北欧映画「ぼくのエリ　200歳の少女」（08）より愛着が湧く。

30代は、宗教タブーが題材だけに、オスカー会員投票では不利の下馬評を覆し作品賞受賞の「スポットライト　世紀のスクープ」（15）のごひいきレイチェル・マクアダムス。今回はドパッキンも眩く、敏腕女性記者を熱く演じ、黒の半袖を引っかけた充実の肩幅がセクシー。彼女もオスカー助演女優賞候補だったが、今年はアリシア・ヴィキャンデルで仕方なかった。レイチェルの捲土重来を期す。最終的にはバチカンさえも恐れぬあたりが真骨頂。「大統領の陰謀」（76）を彷彿とさせる記者魂映画だ。

40代なら「ミラクル・ニール！」（15）のケイト・ベッキンセール。毛先程度のパッキンが残念だが、我が最愛金髪キム観音ベイシンガー菩薩様似の美貌に免じよう。宇宙人の気まぐれで凡人が万能パワーを身につける笑劇で、モンティ・パイソン謹製のエグ味が冴える。変人揃いの中で唯一マトモな彼女だが、セクハラ、ストーカーされ放題、果ては自ら逆夜這いして〝美女大安売り〟の様相。だって、名前がケイト・べっぴんセールだもの。

50、60すっ飛んで、一足飛びに、70歳になったばかりのダーク・パッキンへ。オスカー候補にもなったシャーロット・ランプリングの「さざなみ」（15）が凄すぎ。夫の元恋人の死に関する一通の手紙が結婚45周年の老夫婦に決定的な亀裂を生む怖さ。一見理不尽な憤怒に見えて、ヒロインの正当性を思い知る。さざなみがやがて大シケに……シャーロットの表情の変幻が圧倒的。男の〝昔のオンナが忘れられない〟症候群を撃ち、初老夫婦（特に夫）必見。山田洋次の「家族はつらいよ」（16）は「男にはホラー」がキャッチだが、本作はもっと身も凍るスリラーなり。

本当は邦画の佳篇「蜜のあわれ」（16）にも触れたかったが〝ヤマザキ春のパン祭り〟ならぬ〝アキモト春のパッキン祭り〟に徹しよう。絶景かな、絶景かな。

115 何ともムサい〝ジジイ祭り〟のGWに、戦闘服美女をトッピング！

電車内で白い春物コートが爽やかな女子大生風の娘さんに席を譲られ、恐縮した。そうか、知らぬ間にジジイ感を醸し出していたのか、と妙に得心した。最近はジジイ映画がいとおしい。

やっぱり取り上げたい「蜜のあわれ」(16)。大杉漣演じる老作家の気持ちがしみじみ切ないね。二階堂ふみが〝あたい〟と言うのも耳触りが良かった。かつて「温泉あんま芸者」(68)や「夜の歌謡シリーズ　悪党ブルース」(69)などでごひいきの橘ますみもしきりに〝あたい〟って言っていた。今時、自分のことを〝あたい〟と呼ぶコ、居ないなあ。居たら惚れちゃうなあ。好著『朝日のようにさわやかに』で橘ますみを取り上げていらした川本三郎さんにもお聞きしたい気分だ。

洋画の〝老境映画〟で白眉は「グランドフィナーレ」(15)のマイケル・ケインとハーヴェイ・カイテル。アルプスのリゾートホテルでヴァカンス中の音楽家と映画監督で、長年の〝悪友〟だ。前立腺がどーの、小便のキレがこーの、というシルバーネタの掛け合いが漫才のよう。思わず身を乗り出すのは、ホテルのプールに全裸で現れるミス・ユニバース。ジジイ2人がその究極ボディに見惚れるシーンでの彼らの眼福の表情たるや、解る。

美女といえば、ジジイ映画ばかりではムサいので、戦闘服美女をトッピング。メキシコ麻薬戦争もの「ボーダーライン」（15）のFBI捜査官エミリー・ブラントの重装備戦闘服姿にビンビン。化粧っ気ゼロ、同じシャツを1週間も着たきりスズメの汗臭さ姿がボクには逆にセクシーだ。

邦画では「テラフォーマーズ」（16）の小池栄子が火星で〝怪生物〟相手に大暴れ。彼女、最近演技が控え目で円くなったのかと心配したが、今回はハナカマキリDNAパワーで巨大な触手を操る戦闘モード。ペロリと出す舌がエロい。武井咲らも着る凹凸極めた白いボディスーツ姿は、実際の胸部からしても小池仕様が一番。昔のCM♪競輪場にコイけ栄子、チャリ〜ンの頃からのファンとしては〝怪生物〟に扮して斬られたい気分（アホ）。

一方「アイアムアヒーロー」（16）では長澤まさみが斧を手に〝ZQN《ゾキュン》〟の大群相手にアウトレットモールで奮闘す。「WOOD JOB（ウッジョブ）！ 神去なあなあ日常」（14）の工務店服も似合っていたが、今回のモスグリーンのアウトドア服もね。欲を言えばもっとフォトジェニック映像でキメる演出が欲しかった。

生命力の象徴たる女性美に憧れを隠せぬジジイの気持ちに寄り添う今日この頃。もう桜も散ったか。いっそ夏よ、早く来い。

116 やっぱり『姉』が好き！ アリスも、シャリ子も、ゆり子もね

姉と妹を比べたら、基本的には姉が好き。年長女性を愛でる傾向にあるし、ネエちゃん、という語感も好きだ。春歌に♪ひとつ出たホイのヨサホイノホイ……姉のほうからセにゃならぬ、ってのもあるし（お下品だね）。

例えば「スノーホワイト／氷の王国」（16）の邪悪姉妹のシャーリーズ・セロンとエミリー・ブラントなら、やっぱり姉役のシャリ子がたまらん。妹役のエミ子（エミリーのこと）も奮闘するが、シャリ子の貫禄には敵わない。おまけに銀色の派手派手〝氷の女王〟衣裳が紅白の小林幸子のNGみたい。その点、シャリ子は衣裳負けしとらん。鏡から液状化して流れ出した黄金が彼女に化身するサマは天下の絶景。思わずあの黄金の液状に飛び込んで窒息したいほど。シャリ子の〝男前〟度が更にUP。

男前女子度なら〝氷の王国〟ならぬ〝麻薬の王国〟メキシコの絶望的な状況を、対麻薬組織の自警団リーダーの医師を通じて描く「カルテル・ランド」（15）の製作総指揮キャスリン・ビグローも相当だ。単に勇気ある医師の実話のはずが、善悪の境界が失われ、立派な組織が道を外れてゆくサマがスリリング。「ハート・ロッカー」（08）など彼女は戦争・戦場マニア

なのか。もう〝キャス子〟と呼びそう。

姉といえば「ちはやふる 上の句・下の句」（16）などで人気の広瀬すずより姉の広瀬アリスが好み。既に成人だし、妹より濃い顔だし、TVドラマ『釣りバカ日誌』（16）のみち子さん役もナイス。「探偵ミタライの事件簿 星籠の海」（16）では、玉木宏演じる天才脳学者の押しかけ助手っぽく事件に首を突っ込む出版社編集者で、ズケズケ物言う感じがチャーミング。本作には准教授役で石田ひかりも出てくるが、ボクは実姉・石田ゆり子のファン。やっぱり姉が好き。今年の映画は現在「僕だけがいない街」（16）だけだが、NHKドラマ『コントレール～罪と恋～』（16）に惹かれ、井浦新との化学反応に心が騒ぐ。このドラマ、通り魔殺人が発端だが、映画で無差別殺人というと「ヒメアノ～ル」（16）ではV6の森田剛が狂気の犯人を演じていて少し驚いた。タッチが数度変幻する吉田恵輔演出に凄味。「ここ何本か〝いい人〟映画だったので、古巣に戻りたかった」の言やヨシ。濱田岳も〝釣りバカ〟ハマちゃんやCMとは別な貌《かお》を見せる。佐津川愛美との濃厚リアルな濡れ場でも熱演だし。

キャメっち（キャメロン・ディアス）の「姉のいた夏、いない夏」（01）って佳作もあったなあ。今回の映画テーマは麻薬、無差別殺人、そして姉！ 物騒なモノより〝姉〟を想う初夏にしたほうが精神衛生上いいよね。

あとがき

いつの間にか、映画界は〝邦高洋低〟が定着して久しくなりました。かつては「邦画って何だかダサい」だったのが、最近は「洋画のほうがダサい」「話に実感が湧かない」「字幕が面倒臭い」と洋画離れが著しいようです。どんどん〝内向き〟になってゆく日本人のメンタリティーの表れ、なんて偉そうなことを言う身分ではありませんが、それに伴い、外国人スターの需要も必然的に減少し、男優はもとより、まばゆいばかりのパツキン美人セクシー女優への憧憬すら低下しているのも厳然たる事実で、寂しい限りです。昔も今もパツキン、パツキンと、半世紀も騒いでいる自分としては孤立感が深まるばかり。そんな折、こんな〝パツキン本〟を世に出せることは、勇気百倍です。キネマ旬報社の蛮勇に感謝感激雨あられです。

ふと、わが〝パッキン小史〟のそもそもは何だったか、と思い返します。初めて鮮烈に覚えたパッキンは、13歳の時に観たシネラマ・70ミリ大作「素晴らしきヒコーキ野郎」（65）のイリナ・デミックですかね。それと「黄金の七人」（65）のロッサナ・ポデスタとか、あとはディーン・マーティン主演のスパイ・コメディ「サイレンサー／沈黙部隊」（66）のステラ・スティーヴンスを筆頭に4本続くシリーズにおけるパッキン美人群、そして、もちろん007シリーズのウルスラ・アンドレスを筆頭にパッキンのボンド・ガールたち。多感な少年期に、これら特上のパッキンを目当てに洋画上映館に通ったことが大きいようです。加えて、ジーナ・ロロブリジータら欧米グラマー女優が大好きで、ボクが子どものころ、よく映画館に連れて行ってくれた亡父の薫陶もありました。落ち着きのない子どもでしたが、映画館ではおとなしく画面を観ていたようです。きっと「キンパツのねーちゃんのカラダってやっぱスゲーなあ」と見入っていたはずです。成人し、この商売を始め、パッキン道を進むことを確信したのが「ノー・マーシィ　非情の愛」（86）で来日したキム観音ベイシンガー菩薩様に拝謁した時でしょう。ボクはこの女優さんを、ひいてはパッキン女優を一生愛でていこう、と心に誓ったものでした。以後、ダリル・ハンナ、シャロン・ストーン、シャーリーズ・セロン、スカーレット・ジョハンソンなどごひいきパツキンの遍歴を経て今日に至っております。その一つの到達点、というより〝集積所〟が本書です。相変わらず、流行語、オヤジギャグ、若者言葉に堕したヘラヘラ文章で、ほとんどキャバ行く気分で女優の〝品定め〟を繰り返す全く懲《こ》りない、成長力のない不逞の輩《やから》の拙書を、最後までお読み下さり恐縮です。

最後に、打ち合わせと称して呑み会に転じたりもしましたが、怠惰な筆者を最後まで叱咤激励し、適切なアドバイスも下さったキネマ旬報社編集部の川村夕祈子さんにお礼を申し上げます。タッパがあって、バッシューが似合う素敵な彼女の、僕は長年ファンなのであります。そして誌面作成にあたり、ご協力を快諾して下さった皆様に、記して謝意を表する次第です。本当に有り難うございました。

本書は『キネマ旬報』2006年3月上旬号から2010年2月上旬号に連載した
「カラダが目当て」と、2012年6月上旬号より連載中の
「カラダが目当てリターンズ」から抜粋し、一部を加筆・修正しました。

秋本鉄次

あきもと・てつじ

1952年生まれ。山口県柳井市出身。広告代理店、情報誌『シティロード』の編集を経て、映画評論家に。〝飲む・打つ・観る〟をモットーに、娯楽映画、なかでも金髪女優の評論にかけては業界随一。『キネマ旬報』のほか、『SCREEN』や『アサヒ芸能』等で執筆中。

パッキン一筋50年
パッキンとカラダを目当てに映画を見続けた男

2017年3月1日　初版第1刷発行

著　者　秋本鉄次

発行人　星野晃志
編集人　川村夕祈子
発行所　株式会社　キネマ旬報社
〒102-0074　東京都千代田区九段南3-7-14 VORT九段
TEL：03-6268-9701　FAX：03-6268-9713
Http://www.kinejun.com
印刷・製本　三晃印刷株式会社

ISBN 978-4-87376-450-4
振替 00100-0-182624